广西社会科学院
研究员文库

制度问题研究

曾德盛 著

广西人民出版社

图书在版编目（CIP）数据

制度问题研究 / 曾德盛著. — 南宁：广西人民出版社，2019.9
（广西社会科学院研究员文库）
ISBN 978-7-219-10871-0

Ⅰ. ①制… Ⅱ. ①曾… Ⅲ. ①反腐倡廉—研究—中国
Ⅳ. ① D630.9

中国版本图书馆 CIP 数据核字（2019）第 165296 号

ZHIDU WENTI YANJIU

制度问题研究

曾德盛 著

责任编辑 周娜娜
责任校对 吴语诗
装帧设计 子 浩
责任排版 潘艳营

出版发行 广西人民出版社
社 址 广西南宁市桂春路 6 号
邮 编 530021
印 刷 广西雅图盛印务有限公司
开 本 787mm × 1092mm 1 / 16
印 张 9.75
字 数 170 千字
版 次 2019 年 9 月 第 1 版
印 次 2019 年 9 月 第 1 次印刷
书 号 ISBN 978-7-219-10871-0
定 价 25. 00 元

前 言

古人有言："不以规矩，不成方圆。"规矩，在人类社会来说就是制度；反过来说，制度就是人类社会的规矩、规范。制度是人类一定交往活动的产物。自有人类社会以来，人们就生活在一定的制度之下，原始社会是氏族制度，国家产生后是礼制、法制。制度文明是人类文明的重要方面。从一定意义上说，人类社会发展史就是社会制度变迁史。

制度是约束人的行为的规范或规则体系，其必要性和重要性是显而易见的。"行治修制，先民服也"，"不能废法而治国"（《管子·法法》）。古今中外治国理政的经验都表明，能否立国兴邦、长治久安取决于国家治理水平的高低。而一个国家的制度和制度执行能力则集中体现了这个国家的治理体系和治理能力。正如古人所说："国无常治，又无常乱，法令行则国治，法令弛则国乱。"（汉·王符《潜夫论·述赦》）因此，制度关乎国家安危兴亡，历来是影响社会发展和人的发展的重要因素。同时，制度是社会主体之间交往实践的产物，并随社会实践的发展而发展变化，是历史性的社会存在，是稳定性与变化性的统一。所以，法律的立与废、制度的维护与改革是辩证统一的。这正如古人所说的："治国无法则乱，守法而弗变则悖，悖乱不可以持国。"（《吕氏春秋·慎大览·察今》）为此，要"当事而立法，因时而制礼"

(《商君书·更法》)。历史上不少政治家审时度势，变法改制，除旧布新，致使国家富强，这是中外治国的重要经验。

改革开放以来，邓小平十分重视法制建设。他认为，在治党治国的诸多要素中，制度问题更带有根本性、全局性、稳定性和长期性，关系到党和国家是否改变颜色，必须引起高度重视。改革开放以来我国经济社会发展取得巨大成就，归根结底在于中国共产党领导人民开辟了正确的发展道路，形成了科学的理论，推动了制度的建设。改革发展促进制度创新，制度创新又推动改革发展。正如邓小平1992年在南方谈话中所说的："改革开放以来，我们立的章程并不少，而且是全方位的。"[①] 但是，制度的建立来之不易，制度的完善任重道远。因此，邓小平又认为："恐怕再有三十年的时间，我们才会在各方面形成一整套更加成熟、更加定型的制度。"[②] 党的十八大以后，党中央更加强调制度建设在治党治国中的重要作用。习近平说："小智治事，中智治人，大智立法。治理一个国家、一个社会，关键是要立规矩、讲规矩、守规矩。法律是治国理政最大最重要的规矩。推进国家治理体系和治理能力现代化，必须坚持依法治国，为党和国家事业发展提供根本性、全局性、长期性的制度保障。"[③] 当前我国进入了全面深化改革的历史时期。全面深化改革目的是完善和发展中国特色社会主义制度，推进国家治理体系和治理能力现代化。在全面深化改革中，建立健全包括刚性的制度约束、严格的制度执行、严厉的惩戒机制在内的立体式、全方位的制度体系，使我们的制度更加成熟、更加定型，是一项紧迫而艰巨的任务。

实践的发展和时代的需要，呼唤理论的回应，推动了制度和制度建设的研究。制度和制度建设研究，要以问题为导向，理论与实际相结合。为此，广西社会科学院分别于2012年和2013年设立研究课题"制度论""制度的功能与反腐败制度建设研究"。我有幸承担了这两个课题，并已完成和结项。本书就是在上述两个课题最终研究成果的基础上修改结集而成的，分"理论探寻：制度论纲"和"实践思考：反腐败制度建设研究"两篇，上篇是关于制度理论问题的纲要性论述，下篇是运用制度的一般理论具体研究反腐败制度建设问题。这两篇涉及许多理论和实践问题，都是大课题，限于本人水平，纰漏和不足在所难

---

① 《邓小平文选》第3卷，人民出版社，1993，第371页。

② 《邓小平文选》第3卷，人民出版社，1993，第372页。

③ 中共中央纪律检查委员会、中共中央文献研究室编《习近平关于严明党的纪律和规矩论述摘编》，中央文献出版社、中国方正出版社，2016，第6页。

免，敬请读者和学界指正。

本书出版得到广西社会科学院的资助和广西人民出版社的支持，尤其是责任编辑为本书倾注了大量心血，精心编辑，在此一并致谢。

作者 2017 年仲春于南宁

目 录

理论探寻：制度论纲

实践思考：反腐败制度建设研究

理论探寻：

制度论纲

制度是约束人的行为的规范或规则体系。制度历来是影响社会发展和人的发展的重要因素，尤其是20世纪中后期以来，制度的作用日益凸显，对制度的研究也因而成为现代社会科学许多学科研究的课题。中国特色社会主义，包括中国特色社会主义道路、中国特色社会主义理论体系、中国特色社会主义制度，是三者的有机统一。加强制度研究，对于坚持和完善中国特色社会主义制度，坚定制度自信，有着重要意义。

一、制度本质论

（一）制度的含义

自有人类社会以来，人们就生活在一定的制度之下，制度的必要性和重要性是显而易见的。但是，什么是制度，却众说纷纭，莫衷一是。这是研究制度和制度建设首先要解决的问题。

1. 相关学科关于制度的定义

没有规矩不成方圆。规矩，在人类社会来说就是制度；反过来说，制度就是人类社会的规矩、规范。制度是许多学科研究的对象。制度经济学、制度政治学、历史社会学等学科，对经济制度、政治制度、社会制度等不同类型、不同层次制度的具体内涵及其实施运行机理等内容都进行了卓有成效的研究。既然把“制度”作为研究对象，“制度”作为一个基本概念就需要有明晰的界定。由于不同学科研究的视角不同，不同学科对制度含义的界定也不尽相同。

经济学对制度的研究现在主要集中在制度经济学中。制度经济学从发展阶段上可划分为旧制度经济学和新制度经济学。新旧制度经济学家对制度的界定各有差异，但在新旧制度经济学家看来，制度无非是约束和规范个人行为的各种规则和约束。制度经济学认为制度就是规则，不是我们传统意义上所理解的政治或经济的制度，传统上所理解的制度是政治或经济体制意义上的。制度这一概念是在“规则”这一意义上被制度经济学家所使用的。新制度经济学家把制度分为正式制度和非正式制度。正式制度是指人们有意识创造出来并通过国家等组织正式确立的成文规则，包括宪法、成文法、正式合约等；非正式制度则是指人们在长期的社会交往中逐步形成，并得到社会认可的一系列约束性规则，包括价值信念、伦理道德、文化传统、风俗习惯、意识形态等。正式制度具有强制性、间断性特点，它的变迁可以在短时间完成。而非正式制度具有自发性、非强制性、广泛性和持续性的特点，其变迁是缓慢渐进的。在生活中，正式制度只占整个社会约束的小部分，人们生活的大部分空间还是由非正式制度来约束的。

制度一直是政治学中的主要研究对象。从制度研究的角度出发，可以把整个政治学的发展概括为传统制度主义、行为主义和新制度主义。传统制度主义者的共同理想是建立一种适应市场经济和民主法治的政治制度，其理论渊源可上溯到古希腊的柏拉图和亚里士多德，而理论传统则包括洛克、孟德斯鸠、卢梭、边沁、密尔、格林、迈因克等人的社会契约论和功利主义。新制度主义反对把个体行为作为政治学研究的中心，重视制度在政治生活中的作用。新制度主义对制度含义的界定要比传统制度主义更广泛。传统制度主义所说的制度主要是指政府机构和法律规范，而新制度主义对制度概念视角更宽广，制度不仅包括正式的规则、程序或规范，而且还包括符号系统和认知规定等。

社会学认为，任何一个社会如果要存在，要向它的成员提供一种令人满意的生活，就必须满足某些基本的社会需要，因此每个社会中的人都创造了社会制度，以满足这些需要。从这种基本的观点出发，制度被看作是非常稳定地组合在一起的一套规范、价值标准、地位和角色，它们都是围绕着某种社会需要被建立起来的。由此，社会学将制度分类为家庭制度、教育制度、宗教制度、政治制度、经济制度、军事制度等等。社会学从整体的视野来考察制度，在界定制度上采取了更为宽泛的态度，试图把文化涵盖进制度的框架中，认为制度不仅包括正式规则、程序和准则，而且包括象征体系、认知版本以及道德模本这样的引导人类行为的“意义框架”。这个界定打破了制度与文化在概念上的隔离。

在社会科学的其他领域，制度也备受关注。法学家一般把制度定义为法律和习俗两个层次，其中法律制度主要是指“规则”或“规范”。他们对于法律规则或制度的分类和分层较为详细而明确，认为采用概括性命令形式的规则是第一序列的规则或初级规则，它们直接涉及应该做什么，并且必须区别于另一类规则。另一类规则是第二序列的规则或次级规则，它们直接涉及的不是应该做什么，而是由谁决定规则，即授予谁制定规则和发布命令的权力，并规定谁要服从这种权力。人类学或文化学的多数学者一般都从大文化的角度，将制度看成是文化的制度层面，即把制度都看成是与文化有关的习俗、习惯和规范，例如审美制度、亲属制度、婚姻制度等等。

我国哲学界主要运用马克思主义哲学研究制度问题，认为制度是在社会主体实践中产生的，制度概念应该是制度现实的抽象。一些学者指出，日常话语对制度有常识性的理解，理论层面对制度有学术性界定，实践领域对制度的使用也有自己约定俗成的解释，但是由于角度的不同和关注问题的不同，这些理解、解释与定义是有很大歧义的。如何从纷繁复杂的制度现象中抽象出一个制度本体，提出一个制度定义，是从哲学角度研究制度的最大难点，但也是其最有价值的地方。哲学视野中的制度的定义，就是具有规范意味的（实体的或非实体的）历史性存在物，它作为人与人、人与社会之间的中介，调整着相互之间的关系，以一种强制性的方式影响着人与社会的发展。说制度是历史性存在物，是指不同历史时期，随着社会生产力的发展变化，社会的存在方式——生产方式、实践方式、交往方式、生活方式也相应地发生变化，制度也就在社会生产力的变化中历史地形成和发展，不断地具有历史性的内容。有的学者认为，制度本身及制度现象都是在社会主体的社会实践中产生的社会存在，离不开社会主体（人）的实践活动，在人的社会实践中，产生人类交往的需要、交往的形式、交往的制度。离开人的社会实践，制度也就失去了存在的必要性和条件。那种离开人的实践，认为制度是纯粹人类理性的外化，是人的主观意志的产物，这是历史唯心主义。因此，制度就是在社会主体（个人、组织）的实践中产生的，随着社会实践的发展而发展变化的，规范或影响社会主体（个人、组织等）的行为的显性和隐性的历史性的社会存在。另一些学者则认为，制度作为一种既定的社会现象，是客观性和主观性的统一。所谓制度是以一定社会的物质生产条件状况、社会经济、政治、思想文化状况以及现实的人的状况为基础的，由一定的人（或集团）所建立的相对稳定的行为规范。

2. 马克思主义关于制度的科学界定

马克思对制度的使用非常广泛，但他多是从社会经济基础和上层建筑、生产力和生产关系的角度和形态层面使用的，如原始公有制、行会制度、雇佣制度、剩余价值占有制等等。对于制度的定义，马克思、恩格斯把它界定为："现存制度只不过是个人之间迄今所存在的交往的产物。"① 虽然马克思广泛使用"制度"这一范畴，但他的制度定义很大程度上是从制度的发生意义上说的，即人们交往的产物。马克思认为，没有人的社会性的交往活动，人类就根本没有

① 《马克思恩格斯选集》第1卷，人民出版社，1972，第78页。

制度的需要，也不会产生制度，离开了人与人之间的社会经济关系就揭示不出制度的本质。在马克思看来，表现为各种规则的伦理道德、法律制度、意识形态和国家都属于上层建筑的范畴，是一定阶级的利益和意志的要求，制度、产权、法律体现出来的是一种思想意志关系。这种思想意志关系不是凭空产生的，而是其背后物质关系即生产关系的产物。所以，一个历史阶段的政治、经济和文化制度是由这个阶段的生产关系决定的，也是这个阶段生产关系的最集中的表现形式。“在不同的占有形式上，在社会生存条件上，耸立着由各种不同的、表现独特的情感、幻想、思想方式和人生观构成的整个上层建筑。整个阶级在它的物质条件和相应的社会关系的基础上创造和构成这一切。”① 马克思主义认为，从制度产生的根源与结构来看，制度的产生最初来自社会物质生产的条件，并分别由经济基础和上层建筑两个层次构成。从制度内部的基本关系来看，经济基础与上层建筑在原生与派生、作用与反作用的复杂关系中，形成了以人类的生产实践和社会实践为基础，以生产力进步（效率）为首要性，从经济基础到上层建筑，并由两者构成的层次分明的、统一的社会制度结构体系。在马克思的制度结构框架中，各个制度因素之间不是平行的、彼此孤立的，而是层层递进又相互联系的。社会制度包括经济制度与政治制度这两个基本结构因素，而在社会经济结构与社会政治结构这两个基本结构因素内部，又包含了许多相互独立又相互联系的子系统。譬如，在社会经济结构内部存在着生产方式与生产关系两个子系统；在社会政治结构内部存在着法律、国家和意识形态等子系统。由此可见，马克思主义的制度结构细致缜密，涵盖并详细界定了各种制度内容，科学地揭示了它们之间的内在的本质联系，以一种层层递进的结构探讨了经济制度、政治制度、法律、意识形态等制度因素之间唯物主义的辩证关系。因此，与资产阶级学者只注重制度的形式而忽略制度的本质不同，马克思是从历史唯物主义的高度，更注重揭示制度的内容和本质，体现出制度形式和内容的辩证统一，从而对制度予以科学的解释。

3. 制度、体制、机制之间的关系

制度、体制、机制是三个既有区别又密切相关的概念。按照《辞海》的解释，“体制”是指国家机关、企事业单位在机制设置、领导隶属关系和管理权限划分等方面的体系、制度、方法、形式等的总称；“机制”原意是指机器的构造

---

① 《马克思恩格斯选集》第1卷，人民出版社，1995，第611页。

和运作原理，借以指事物的内在工作方式，包括有关组成部分的相互关系以及各种变化的相互联系。体制，通常是指体制制度，是制度形之于外的具体表现和实施形式，是管理经济、政治、文化等社会生活各个方面事务的规范体系。例如，经济体制、政治体制、文化体制、社会体制等。制度决定体制内容并由体制表现出来，体制的形成和发展要受制度的制约。一种制度可以通过不同的体制表现出来。例如，社会主义经济制度既可以采取计划经济体制，也可以采取市场经济体制。相对于根本制度和基本制度而言，体制属于具体制度范畴。所以，党的十八大报告就把经济体制、政治体制、文化体制、社会体制等归结为建立在国家根本政治制度、基本政治制度、基本经济制度和中国特色社会主义法律体系基础上的各项具体制度。但是，在一定条件下和一定范围内，基本制度、具体规章制度和体制可以互相转化。机制，通常是指制度机制，机制是从属于制度的。机制通过制度系统内部组成要素，按照一定方式的相互作用实现其特定的功能。制度的机制运行规则是在一定社会实践基础上人为设定的，具有强烈的社会性。如竞争机制、市场机制、激励机制等。从广义上讲，制度、体制和机制都属于制度范畴，既相互区别，又密不可分。制度制约体制与机制，同时，体制与机制又对制度的巩固与发展有着重要作用。

4. 本书对制度含义的理解

对制度定义的探索，虽然不同的研究者所选择的切入点不同，所依托的理论平台不同，所关注的问题也纷繁多样，但是总的来看，不同的研究者从不同的角度所得出的结论具有相通性和互补性，各种见解相互渗透、相互影响，既有共性，又各有特色和侧重点。

本书是从一般意义上讨论制度的含义。制度可以说是人类追求一定社会秩序的结果，人们力图通过这些制度为自己的生活构建一个稳定的空间。从制度的规定性来说，制度首先是一个关系范畴。作为关系范畴，制度是调整社会交往活动主体之间关系以及社会关系的规则或规范。《韦氏词典》以及《美国文化遗产大字典》对制度的解释是："制度就是行为规范。"在《辞海》里，制度的第一含义是指要求成员共同遵守的、按统一程序办事的规程。汉语中"制"有规定、限制、约束的意思，"度"有尺度、标准的意思。这两个字结合起来，表明制度是节制、约束人们行为的尺度。所以，制度最一般的含义是要求一定的社会主体共同遵守的办事规程或行动准则，是实现某种功能和特定目标的社会组织乃至整个社会的一系列规范体系。

虽然从一般意义上明确了制度是约束人的行为的规范或规则体系，但是对制度所说的“规范或规则体系”有广义和狭义两种理解。对制度广义的理解，制度包括可辨别的正式制度和难以辨识的非正式制度；而狭义的理解则认为制度仅指正式规则。本文对制度的理解是狭义的理解，即制度仅仅是指正式规则，主要是指由国家或合法组织制定或认可的规范化的制度，不包括道德、风俗、习惯等非正式规则和所谓的“潜规则”。

第一，在现代社会，以法律、法规、规章等形式所构建的社会主体（个人、团体、组织、机构等）行为规范，是制度的社会标识。从制度发生学来说，非正式制度是人类社会的原发性规则。正是通过非正式制度，人们构建了法律出现以前的社会。在这样的社会中，人们依靠风俗习惯、道德、意识形态构建了社会秩序。法制社会与伦理社会相比，是后出现的。社会发展趋势是，人们尽可能地把原来属于非正式制度的社会规范转化为正式的法律规范，使其在规范人们的行为方面具有更大的强制力，使人们在实际生活中有更为明确的规则可以遵循。因此，制度作为一种规范化的调控手段，它要求形式化、明确化，而不是约定俗成和心照不宣。制度建设的目的就是要打破分散的、各异的习俗和惯例，建立统一的社会行动规范体系。

第二，从制度的作用形式来看，对社会行为主体外在的刚性约束，是制度规范的明显特征。在现代社会，正式制度都是由一定的社会机构、组织、团体等来制定、执行、监督的，对行为主体的规范是刚性的硬约束；非正式制度没有明确的制定者和执行者、监督者，风俗习惯、道德等规范是历史发展和历史积淀的结果，对主体行为的规范是柔性的软约束。非正式规则可细分为由作为外力的社会群体对个人施加的约束和由个人自我施加的约束。在非正式规则中，由个人自我施加的约束是一种自律性的约束，因人而异；由作为外力的社会群体对个人施加的约束虽然也有一定的“强制性”，但它主要表现为社会舆论和习惯势力的压力，并不具备正式规则的刚性强制力。因此，制度通常是指社会制度，是指建立在一定社会生产力发展水平基础上，反映该社会的价值判断和价值取向，由行为主体（国家或国家机关）所建立的调整交往活动主体之间以及社会关系的具有正式形式和强制性的规范体系。

综上所述，本书对制度作以下界定：所谓制度，是在一定历史时期，以社会现实状况为基础，由一定社会主体（规则制定者）所建立的调整交往活动主体（制度规范的对象即行为者）之间以及社会关系的具有正式形式和强制性的规则或规范体系。这一定义是从制度的历史性即稳定性与变化性的统一、客观现实性和主体选择性的统一、形式与内容的统一等方面对制度所作出的界定。制度按照其性质和范围大体可分为根本制度、基本制度与具体规章制度等层次。

（二）制度的本质

对制度的研究离不开对制度本质的分析与揭示，这是制度研究的基础。所谓本质，是构成事物的各必要要素之间相对稳定的内在联系，是事物本身所固有的，决定事物性质、面貌和发展的根本属性。事物本身所包含的特殊矛盾构成该事物的特殊本质。本质与规律性、必然性是同等程度的范畴，它是事物内部所包含的一系列规律性和必然性的综合，认清事物的本质才可以把握事物发展的规律性、必然性。制度的本质就是一切制度所具有的根本属性。制度是调整一定社会交往活动主体之间以及社会关系的规范或规则体系。因此，必须从人的交往活动和社会关系两个视角来考察制度的本质，也就是要从制度的根源及其所反映的社会关系的实质来研究制度的本质。

1. 从人的交往活动来考察制度，制度是人们交往的产物

唯物史观认为，劳动发展史是理解全部社会历史的钥匙。制度不是自然的产物，它形成的基础是人们生产生活的丰富实践。物质资料生产是人类社会存在和发展的基础。因此，生产活动是形成人类一切社会关系的基础，生产方式决定社会制度的性质和社会制度的更替。马克思指出："在生产、交换和消费发展的一定阶段上，就会有一定的社会制度、一定的家庭、等级或阶级组织，一句话，就会有一定的市民社会。有一定的市民社会，就会有不过是市民社会的正式表现的一定的政治国家。"[①] 恩格斯也认为："生产以及随生产而来的产品交换是一切社会制度的基础。"[②] 物质资料的生产方式是社会发展同时也是制度变更的决定力量。对于制度本质的理解，既不能从它本身来，也不能从人类精神的一般发展来理解，而应从它根源于物质生活关系来理解。因为制度不仅仅是人的观念、意志、思维、要求的表现，而且是社会生产方式的反映，是人们社会交往关系的产物。制度的特征是历史性与规范性的统一。马克思、恩格斯认为："制度只不过是个人之间迄今所存在的交往的产物。"[③] 人类的社会实践活动

---

① 《马克思恩格斯选集》第 4 卷，人民出版社，1972，第 321 页。
② 《马克思恩格斯选集》第 3 卷，人民出版社，1972，第 307 页。
③ 《马克思恩格斯选集》第 1 卷，人民出版社，1972，第 78 页。

首先是生产实践活动，它是以个人之间的交往为前提的。为了保证交往的实现，交往主体必须通过对交往手段、交往对象、时空条件等因素进行有效的组合，使交往活动按照一定的方式进行。这样，在人的社会实践活动中，便产生人类交往的需要、交往的形式、交往的规则。制度虽然体现人（个人、群体、阶级、团体等）的意志，但它不是人的意识的产物，而是人类一定交往活动的产物。因此，从人的交往活动来考察制度，制度的本质就是由一定的社会交往方式产生而又规范人们交往活动的历史性存在。

2. 从社会基本矛盾来考察制度，制度是由社会经济关系决定的

马克思主义认为生产力和生产关系的矛盾、经济基础和上层建筑的矛盾是一切社会的基本矛盾。制度经济学中所说的制度系统属于马克思主义哲学中所说的上层建筑的范畴，按照马克思主义的观点，社会制度系统确实对经济基础有反作用，但这只是问题的一个方面。制度经济学仅仅强调制度对经济增长的作用，是片面的，忽视了社会制度的形成和选择其实还受生产关系及生产力的制约。生产力的发展水平决定了一个国家的制度选择，制度的形成和发展和当地、当时的生产力水平是息息相关的。因此，离开生产关系及生产力来谈制度，同样不能科学揭示制度的本质。

在马克思主义看来，制度属于上层建筑范畴。制度不是起源于人为的自主安排，它根源于社会经济关系，是由社会经济关系决定的。马克思研究制度实质上是研究社会的生产关系或经济关系。因为无论是研究经济制度、政治制度还是法律制度，这些制度从不同的层面来制约或规范人们的行为，其实质都是要维持一种生产关系和经济关系的存在与运行。因此，马克思研究制度问题始终是与社会经济关系联系在一起的。这一点也就决定了马克思主义制度经济理论具有的深刻性。马克思主义认为，制度是社会经济关系的法律范畴，社会经济制度是制度中最主要的内容；经济制度又是具有不同层次的，其中，生产资料的所有制是社会经济制度本质的内容。所以，制度是人们在一定历史条件下的社会活动中结成的各种社会关系的抽象化、体系化的社会运行规则，是激励和限制人们行为的规范体系，其本质是社会关系的存在方式。

3. 从制度所反映的社会关系来看，制度的实质是人们物质利益关系的反映

制度并不是理性的个人自由契约、自由选择的结果，相反，是社会结构和社会制度决定着个人的行为方式和选择空间。如前所述，从社会关系来考察制度，制度根源于社会经济关系，是由社会经济关系决定的。在人与人之间的社

会关系中，最基本的关系是经济关系即物质利益关系。制度不是个人之间的一种交易关系、契约关系，而是不同阶级或不同社会集团之间的一种生产关系即社会经济关系。马克思研究制度问题始终是与社会经济关系联系在一起的，因为无论是经济制度、政治制度还是法律制度和其他制度，这些制度虽然从不同的层面来制约或规范人们的行为，但其实质都是要维持一种生产关系和经济关系的存在与运行，制度是社会经济关系的法律范畴。

马克思说："社会上占统治地位的那部分人的利益，总是要把现状作为法律加以神圣化，并且要把习惯和传统对现状造成的各种限制，用法律固定下来。撇开其他一切情况不说，只要现状的基础即作为现状的基础的关系的不断再生产，随着时间的推移，取得了有规则的和有秩序的形式，这种情况就会自然产生；并且，这种规则和秩序本身，对任何要摆脱单纯的偶然性或任意性而取得社会的固定性和独立性的生产方式来说，是一个必不可少的要素。这种规则和秩序，正好是一种生产方式的社会固定的形式，因而是它相对地摆脱了单纯偶然性和单纯任意性的形式。在生产过程以及与之相适应的社会关系的停滞状态中，一种生产方式所以能取得这个形式，只是由于它本身的反复的再生产。如果一种生产方式持续一个时期，那末，它就会作为习惯和传统固定下来，最后被作为明文的法律加以神圣化。"① 马克思的这一段话，包括两层意思：一是成文的制度来自不成文的习俗和习惯；二是制度即"规则和秩序"是"一种生产方式的社会固定的形式"。在马克思的著作中，生产方式是一个多义性的概念，有时侧重于指生产力，有时侧重于指生产关系，有时则侧重于指生产力和生产关系之间的中间环节。在马克思上面的论述中，它指的是生产关系，所以，制度是"生产方式的社会固定的形式"，也就是说，制度是社会关系的存在方式。

制度作为社会关系的存在方式，归根到底，制度所反映的是不同的人、集团和阶级之间的经济利益关系。马克思指出："人们奋斗所争取的一切，都同他们的利益有关。"② 恩格斯也说："每一既定社会的经济关系首先表现为利益。"③ 制度是对不同的人在社会生产中居于不同地位的一种确认，并且这种确认具有强制性和约束性。自从社会出现了不同的利益集团、不同的阶层和阶级，他们在社会生产中就处于不同的地位。要使这种不同的地位能够保持下去，就要求

---

① 马克思：《资本论》第3卷，人民出版社，1975，第893—894页。

② 《马克思恩格斯全集》第1卷，人民出版社，1995，第82页。

③ 《马克思恩格斯选集》第3卷，人民出版社，1995，第209页。

有带有强制性和约束性的经济制度和政治制度。当一种制度能够使不同利益集团的不同地位保持下去，那么，实际上就规范了他们之间的利益关系。从这一意义上说，制度在本质上要解决的就是利益关系问题。任何一个集团、阶级的经济利益都要通过制度来保障。制度是由在社会经济中占优势的集团或阶级按照有利于维护自身利益而建立起来的，并且要求社会其他的集团和阶级按照这一制度的要求从事社会生产活动，以及从中得到利益。从这一点来说，现实的制度体现的总是在社会经济中占优势地位的集团和阶级的利益。这是从制度的性质层次上反映的经济利益关系。在社会经济中占优势地位的集团或阶级，也会对现存的制度进行改变和调整，但这种改变和调整不会涉及制度性质的变化，而是在不改变基本性质的框架内，根据生产力和经济发展的客观要求，对其形式和局部内容的改变和调整，这在根本上也是为了更好地实现自身的利益。从这一意义上说，制度的改变和调整的目的也在于经济利益。

（三）制度的特征

通过对制度基本含义和本质的分析，我们可以明确制度涉及的基本要素：一是制度赖以存在的基础，包括一定社会的物质生产力状况、社会关系（主要是经济关系）状况、社会组织的功能和秩序性需求；二是制度的主体和客体，包括制度制定者和制度规范对象即行为者的社会实践和思想文化状况；三是规范性要求是制度构成的最基本内容；四是制度的价值指向，是维护一定生产过程和社会关系的秩序性和稳定性。因此，制度作为一种既定的社会现象，主要有以下四个方面的基本特征：客观性和主观性的统一，稳定性和发展性的统一，规范性和非规范性的统一，普遍性和表现形式多样性的统一。

1. 制度是客观性和主观性的统一

哲学意义上的制度，或一般意义上的制度，是对人类实践和生活中一切制度规范形式的概括，包括生产制度、经济制度、政治制度、思想文化制度以及社会一切组织形式中的制度形式。它体现了人类社会总体的组织状况和行为状况，是自然秩序、社会秩序和人类对这种秩序认识的统一。历史上任何制度的产生和形成都有其客观基础，主要包括社会物质基础和实践基础，它并不是神的旨意和人的主观意志的产物。任何制度都是具体的历史的，它根植于一定社会的生产力状况、社会关系（尤其是经济关系）状况和特定社会组织的状况。制度总是建立在这些现实基础之上并且是这些现实基础的反映。这是制度的客观性。

同时，制度不是自发产生的，而是人们对社会实践和社会关系认识的结果，是人们通过一定的方式以规范性形式建立起来的。制度是在客观存在的社会条件下，人们充分发挥主观能动性的产物。离开人的积极作用，制度是不会产生的。人始终是制度的制定者。一定历史阶段上的人们，从自己所处的社会经济、政治地位出发，根据自己对社会状况的认识，制定了一定的制度形式。因此，制度是人类在一定客观基础上对自身行为的规范以及对这种规范的选择。这种选择是以社会客观现实为依据的，但它是人类相对意志自由的体现。在阶级社会，制度是一定阶级意志的体现，即在社会经济领域、政治领域中占主导地位的阶级或阶层意志的体现。这是制度的主观性。所以，制度既具有客观性，又具有主观性，是客观性和主观性的统一。任何把制度仅仅看作是人类意识的规定而忽视或否认社会生产和社会关系决定作用的观点都是错误的；同时，否定人是制度的制定主体，忽视制度的主观性，也是片面的。

2. 制度是稳定性和发展性的统一

所谓制度的稳定性，是指制度的内容和形式以及运行机制在一定时期的不变性。制度的稳定性是制度发挥作用的基础条件，是制度权威性的体现。由于制度体系是有层次结构的，因而不同层次的制度的稳定性是有差异的。首先是根本层面的制度。其稳定性最高。因为根本层面的制度是制度体系中起决定性作用的制度，是制度体系的本质内容和根本特征。其次是基本层面的制度。基本层面的制度是制度体系中的基本内容，对国家经济社会发展有着重大影响，必须保持其稳定性。再次是具体层面的制度。具体层面的制度是指建立在根本制度和基本制度基础上的各种体制。这些具体层面的制度需要保持稳定，但也应该随着实践的发展进行改革创新。

制度的发展性即制度的变迁。制度是在人类实践中产生的、规制人们实践行为的规范，社会实践发生变化，制度需求也会随之改变，对制度的要求和制度规制的内容也会随着实践的变化而改变，甚至制度采取的形式都会发生变化。制度的变动性既包括制度规定性层面的变迁和发展，也包括制度运转方式、机制等层面的变化和调整。制度的变动性，一是通过对制度的修正，弥补制度框架中的缺陷和不足，使之更趋于合理，约束范围更广，可执行度更高；二是通过建立新的规则和约束，填补规定性层面上的空白，使制度体系更健全。制度的发展和变迁是一个在实践基础上对原有制度进行创新的过程。从哲学上说，这是一个量变到质变的过程。制度在其实践过程中进行着不断的调整，又在调整、变化过程中不断地积累，当这些积累达到一个临界点时，量变引起质变，新的制度便取代旧的制度。制度的发展和变迁也是一个否定之否定的过程：一个制度变迁过程的完成，又是另一个制度变迁过程的开始；新生制度在实现其价值过程中，又开始了新的变化和调整。

制度的稳定性同时包含着其发展性的特征，它是随着社会实践、社会组织和结构的变化以及人们对这种变化的认识的发展而不断发展的。制度稳定性和发展性的统一，其根源在于社会基本矛盾运动。生产力与生产关系之间的矛盾，经济基础和上层建筑之间的矛盾，是推动人类社会发展的基本矛盾。作为生产关系的制度与生产力发展状况，作为上层建筑的制度与经济基础发展变化，是既相适应又相矛盾的。在这矛盾的两方面中，相适应一面是制度稳定性的社会基础，相矛盾一面是制度发展的内在动力。正是这一社会基本矛盾运动决定了制度是稳定性和发展性的统一。所以，制度就是在社会生产力和经济基础的发展变化中历史地形成和发展的，其稳定性和发展性的统一是具体的历史的。而制度经济学认为，社会制度分为内在制度和外在制度，内在制度在于文化价值和元规则的逐渐演化，外在制度则要靠政治行动才能进行变革。制度经济学还认为革命性地颠覆在演化中形成的制度系统，用设计出来的规则系统取代原有的制度必将是破坏性的。制度经济学有关社会制度发展的理论掩盖了社会的矛盾，只是说明了社会制度更替的表面现象和制度变革的后果，回避了对社会制度发展变化的原因解释。

3. 制度是权利限制和权利保障的统一

作为“规范、规则”意义上的制度，是对人的社会行为的约束和规范，防止和限制有害社会与他人的行为。对人的社会行为的约束和规范，首先要界定社会行为主体的权利，即要明确规范社会行为主体权利的内容、权利行使的边界、权利行使的方式。按照历史唯物主义的观点，人的权利是具体的历史的，并非是无限的。人的权利不仅受制于自然条件，而且受制于主体的状况和社会客观条件。在一定社会，制约人的权利的自然因素、社会因素、主体因素，体现在制度层面，就是制度对社会行为主体权利的限定。现代制度是通过限制去界定人的权利的。制度通过具体的规范，明确告诉人们可以做什么、不可以做什么，应该做什么、不应该做什么，以及如何做，具体限定了社会行为主体权利的内容、权利的行使边界和行使方式。

对社会行为主体权利的规范，既包括对社会行为主体权利的限制，也包括对社会行为主体权利的保障。这两个方面是辩证统一的。规定即否定，反之亦然。制度否定了权利的绝对性、无限性、抽象性，同时也就肯定了权利的相对性、有限性、具体性。制度虽然对社会行为主体权利及其行为作了限制的规定，但它也通过限制而肯定了人们的权利。在制度的范围内，制度保护人们的正当权利，保障人们权利的正当行使。也就是说，制度是通过限制权利来保障权利，即通过限制损害社会和他人的权利，来保障人们合法的权利。因此，从权利的角度来说，制度是权利限制和权利保障的统一。

4. 制度的普遍性和表现形式多样性的统一

按照矛盾普遍性与特殊性相统一的原理，任何事物都是一般与特殊的统一。事物表现形式多样性是事物特殊性的重要体现。制度同样是普遍性和表现形式多样性的统一。

首先，任何社会形态都体现为一定的制度，但一定社会形态其制度的表现形式是多样的。

唯物史观认为，社会形态的发展是自然历史过程，具有统一性和多样性。统一性是社会形态发展的规律性，多样性则是社会形态发展规律性表现形式的多样性。从制度层面来考察人类社会，人类社会的历史发展规律是原始社会—奴隶社会—封建社会—资本主义社会—社会主义社会。但是，同一社会形态其制度的表现形式是多样的。譬如，同是资本主义制度，不同国家有不同的制度形式。中国特色社会主义制度既坚持了科学社会主义的基本原则，又具有中国特色，在制度形式上不同于其他社会主义制度模式。因此，把某种社会制度形式抽象为人类社会的普遍制度形式，在理论上是错误的，在实践上是不符合实际的。

其次，制度普遍存在于社会生活的各个领域，但制度的表现形式是多样的。这是制度存在的普遍性和表现形式多样性的统一。

社会制度是具有普遍性和稳定性的社会规范体系。一般意义上的制度，是对人类实践和生活中一切制度规范形式的概括。它体现了人类社会总体的组织状况和行为状况。社会制度是为了满足人类基本的社会需要，是人类追求一定社会秩序的结果，人们力图通过这些制度为自己的生活构建一个稳定的空间。这样，社会生活的各个领域都需要制度的规范。人总是生活于一定的制度之中，或总是一定意义上“制度化”的人。这是制度存在的普遍性。

在现实中，制度形式是多样的。由于人们社会实践形式的多样性以及人们的生活方式、思维方式以及价值观念的差异，制度的形式必然是多样的。一是制度规范的对象和内容不同，其形式也不同。有的制度体现为国家法律，有的体现为政府法规、条例，有的体现为社会组织、单位的规章、准则，等等。二是制度的性质和作用不同，其形式也不同。有国家层面的根本制度和基本制度，有社会各领域的制度、体制、机制，有微观的各种具体制度，等等。三是制度的功能不同，其形式也不同，主要有激励型制度、迫使型制度、禁止型制度之分。这三种制度的控制规则和控制机制的形式是不同的。

（四）制度的结构

党的十八大报告指出："中国特色社会主义制度，就是人民代表大会制度的根本政治制度，中国共产党领导的多党合作和政治协商制度、民族区域自治制度以及基层群众自治制度等基本政治制度，中国特色社会主义法律体系，公有制为主体、多种所有制经济共同发展的基本经济制度，以及建立在这些制度基础上的经济体制、政治体制、文化体制、社会体制等各项具体制度。"从这一论述可以看出，一定社会形态的制度体系是有其特定结构的。

1. 制度的自身结构

所谓制度的自身结构，是指制度自身的构成要素。制度的自身结构主要由规则、对象、理念、载体四大要素组成。制度的规则是制度的具体内容。任何制度都是由一系列具体而明确和具有内在联系的规则构成的，这是制度的实体部分。制度的对象是指制度所涉及的范围和所指向的目标。任何制度都有其明确的规范对象，即制度所要规范的客体，不同领域的制度有不同的规范对象。如政治制度的对象是政治领域的各种关系，经济制度的对象是经济领域的各种关系。制度的理念是制度规则所体现出来的价值取向与目标定位。任何制度都是在一定理念指导下建立的，制度理念的不同，体现出不同性质的制度。制度理念是制度的灵魂。制度的载体是制度的形式，有什么样的载体就有什么样的制度形式。正式制度一般是以成文的法律、规定、规章、条例等作为形式载体；非正式制度则以约定俗成的习惯、习俗为载体。

制度系统中四个要素之间是互相联系、互相依存的关系，四个要素共同作用才使得制度具有实质性的内容、实质性的功能和实质性的意义。任何一个要素缺失，制度系统都是不完备的，都会使制度丧失其应有的功能，进而失去存在的可能。

2. 制度的社会结构

制度是一个体系，是若干有关制度按照一定的秩序和内部联系组合成的相互联系的有特定功能的系统和整体。社会制度是指在一定的社会形态中，社会经济、政治、文化等各项制度的总和。考察制度的社会结构，必须坚持历史唯物主义。制度产生的根源及其基本结构规定了对其研究的逻辑次序：首先必须研究作为整个社会制度基础的生产力以及与之相适应的生产关系，然后才可能对建立在这一基础之上的政治的、法律的，以及意识形态的上层建筑进行分析。为此，我们可相应地将社会制度划分为原生的、起决定性作用的、表现为生产关系的第一层次制度（即经济制度）和次生的、起反作用的、主要表现为政治、法律制度和意识形态的第二层次制度（即上层建筑）两大类。

马克思指出："法的关系正像国家的形式一样，既不能从它们本身来理解，也不能从所谓人类精神的一般发展来理解，相反，它们根源于物质的生活关系，这种物质的生活关系的总和，黑格尔按照18世纪的英国人和法国人的先例，概括为'市民社会'，而对市民社会的解剖应该到政治经济学中去寻求。"① 马克思主义政治经济学的研究对象，是一定的社会经济结构及建立其上的上层建筑，它的基本任务就是对整个社会结构——社会制度进行解剖。社会制度既包含生产方式及同它相适应的生产关系即社会经济结构，也包含同一定社会经济结构相适应的上层建筑。马克思认为，个人借以进行生产的社会关系，即社会生产关系，是随着物质生产资料、生产力的变化和发展而变化和发展的；生产关系总合起来就构成所谓社会关系，构成处于一定历史发展阶段、具有独特的特征的社会。马克思指出："一定的生产方式以及与它相适应的生产关系，简言之，社会的经济结构，是有法律的和政治的上层建筑竖立其上并有一定的社会意识形式与之相适应的现实基础。"② 恩格斯也说："每一历史时代主要的经济生产方式与交换方式以及必然由此产生的社会结构，是该时代政治的和精神的历史所赖以确立的基础，并且只有从这一基础出发，这一历史才能得到说明。"③ 马克思主义经济理论本质上就是制度经济理论。在马克思经济学说中，制度范畴的内涵就是社会形态的"生理学结构"，它包含着三个层次的内容：一是作为社会

---

① 《马克思恩格斯选集》第2卷，人民出版社，1995，第32页。
② 《马克思恩格斯全集》第23卷，人民出版社，1972，第99页。
③ 《马克思恩格斯选集》第1卷，人民出版社，1972，第237页。

生产方式即生产的社会形式的财产制度与劳动制度，这是社会的基本经济制度。二是作为生产关系主要内容的生产过程的管理制度与生产成果的分配制度，这是由社会基本经济制度所决定的派生制度。三是作为上层建筑的政治、法律等制度，这是由一定的社会经济结构所产生并决定的政治上层建筑。在马克思主义经济学中，"制度"分为狭义的制度和广义的制度，狭义的制度是指经济制度，这是仅限于经济领域内的制度；广义的制度是指整个社会制度，即经济制度与政治制度，这是存在于经济、政治领域的社会制度。

马克思主义的制度结构细致缜密，涵盖并详细界定了各种制度内容，科学地揭示了它们之间的内在的本质联系，以一种层层递进的结构探讨了经济制度、政治制度、法律、意识形态等制度因素之间唯物主义的辩证关系。在马克思制度结构框架中，作为生产的社会形式的财产制度与劳动制度，是最基本的制度；作为生产关系主要内容的管理制度与分配制度，是由前者派生的制度；作为上层建筑的政治制度既是经济制度的反映与产物，也是经济基础的体现与保障。从制度的社会结构来看，社会制度是多层面的复合体，大体可分成两个层次：第一层次是本质性制度，即基本经济制度与政治制度，它们是制度体系中的根本制度，直接规定了一个社会的性质，影响整个社会的政治、经济、文化及意识形态等各个方面。第二层次是资源配置的调节性制度，它是根据第一层次的原则和要求而对社会运行的体制和机制的具体规定，是人们在经济活动中共同遵循的办事规程或行为准则。处于不同层次的制度具有内在的联系，相互影响、相互依存，构成一个有机的整体并在社会生活中共同发挥作用。

新制度经济学的制度分析结构虽然与马克思主义的制度结构在外延上基本一致，但事实上却有着重大区别。首先，马克思主义经济学所研究的制度，属于社会形态的"内在结构"，是社会的根本制度；新制度经济学所讲的制度，是人们经济行为的规则，是社会经济生活表面的制度。二者之间的区别在于前者属于本质性制度，后者属于表象性制度。其次，马克思主义经济学深入地研究了生产方式与生产关系、经济基础与上层建筑等各种制度因素之间互相依存的内在联系与互相作用的辩证关系，而新制度经济学只是表面地分析了各种制度因素的作用，缺乏对它们之间相互关系的内在分析，没有阐明各种制度因素之间的本质联系，因而也无法进一步揭示制度内部的辩证关系。

3. 制度的层次结构

本文所说的制度是指正式制度，主要是指由国家制定或认可的规范化的制度，如经济制度、政治制度、法律制度、文化制度和社会管理制度等，不包括道德、风俗、习惯等非正式规则和所谓“潜规则”。制度作为一个体系，是若干有关制度按照一定的秩序和内部联系组合成的、相互联系并有特定功能的系统和整体。制度体系，对于一个国家来说，从层次上讲，制度按其性质、地位和作用范围总体可分为根本制度、基本制度、具体制度、法律体系、制度实施机制等基本层次。

根本制度，就是在制度体系中起决定性作用的制度，反映了制度体系的本质内容和根本特征，体现了制度体系“质的规定性”，是一种制度体系区别于其他制度体系的主要标志。一个社会的根本制度是同生产力发展的一定阶段相适应的经济基础和上层建筑的统一体。譬如，我国的“根本制度”是社会主义制度，它是社会主义经济、政治、文化等制度的总称。此外，社会某一领域的制度系统中也有根本制度。譬如，在我国的政治制度中，人民代表大会制度是根本政治制度，体现着国家的性质和中国特色社会主义制度的本质。人民代表大会制度之所以是我国的根本政治制度，是因为它作为一种政体，提供了人民掌握国家权力的途径和方式，与我国工人阶级领导的、以工农联盟为基础的人民民主专政的国体相适应，决定了国家的一切权力属于人民，保证了人民当家作主，体现了社会主义制度的本质。

基本制度是制度体系中的基本内容，对国家经济社会发展有着重大影响。如基本政治制度和基本经济制度作为基本层面的制度，规定着国家政治生活、经济生活的基本原则。在中国特色社会主义制度体系中，基本层面的制度主要包括基本政治制度和基本经济制度。基本政治制度包括中国共产党领导的多党合作和政治协商制度、民族区域自治制度以及基层群众自治制度等。基本经济制度是指公有制为主体、多种所有制经济共同发展的基本经济制度。我国的基本政治制度、基本经济制度，反映着我们国家和社会的性质。

具体制度由根本制度、基本制度派生出来，是它们的具体表现形式和实现形式。实现根本层面、基本层面的制度所确定的基本原则，需要由具体层面的制度来确定具体的组织制度、管理权限、运转方式等。如经济体制、政治体制、文化体制、社会体制就是具体层面的制度，对推动一个国家经济社会发展有着重要作用。在中国特色社会主义制度体系中，具体层面的制度是指建立在根本政治制度、基本政治制度、基本经济制度基础上的经济体制、政治体制、文化体制、社会体制等。这些具体层面的制度，在我国经济建设、政治建设、文化建设、社会建设等各个方面发挥着举足轻重的作用，推动着我国经济社会全面协调可持续发展。根本制度和基本制度可以通过不同的体制表现出来。体制是制度形之于外的具体表现和实施形式，通常指体制制度，是管理经济、政治、文化、社会等社会生活各个方面事务的规范体系。制度决定体制内容并由体制表现出来，体制的形成和发展要受制度的制约，因而体制属于具体制度范畴。

法律体系是以法律形式确立制度，并通过各种法律规范为不同层面制度的贯彻落实提供法制环境。通过法律形式确立制度，使制度更具权威性、稳定性。譬如，中国特色社会主义法律体系，以宪法为统帅，以法律为主干，以行政法规、地方性法规为重要组成部分，保证了国家经济建设、政治建设、文化建设、社会建设以及生态文明建设等各个方面有法可依。中国特色社会主义法律体系不仅确立了中国共产党的领导地位，确立了工人阶级领导的、以工农联盟为基础的人民民主专政的国体，确立了人民代表大会制度的政体，确立了中国共产党领导的多党合作和政治协商制度、民族区域自治制度以及基层群众自治制度，确立了公有制为主体、多种所有制经济共同发展的基本经济制度和按劳分配为主体、多种分配方式并存的分配制度等，同时为不同层面制度的贯彻落实提供了良好的法制环境。

此外，还有制度实施机制。制度实施机制是从属于制度的，通常指制度机制。制度是机制系统中的要素，机制是系统要素之间的有机联系。机制通过制度系统内部组成要素按照一定方式的相互作用实现其特定的功能。制度机制运行规则是为保证制度的实施而设定的，因此制度实施机制也可视为具体的执行制度。

从制度的层次结构可以看出，根本制度和基本制度是基础性的制度，一个国家的性质是由其根本制度和基本制度决定的；具体制度是建立在根本制度和基本制度之上的，是根本制度和基本制度在各个具体方面的延伸；法律体系是不同层面制度确立的法律形式和贯彻落实的法律保障；制度的实施机制则是制度执行的具体规则。

二、制度功能论

关于制度的功能，从哲学角度来看有两个层面的含义：一个层面是在理想上和理论中制度具有什么样的功能，处于极致的制度能发挥什么作用，这一层面的功能可称之为制度的应然功能。另一个层面是现实中的、特定历史阶段的制度已经和正在发挥什么样的作用，也就是说制度所产生的客观结果是什么，这一层面的功能可称之为制度的实然功能。制度的应然功能不仅是制度赖以存在的依据，也是制度价值指向的具体体现。从历史唯物主义的角度看，制度的应然功能表现为三个方面：促进社会的发展，实现人与社会的协调发展，促进人的全面发展。只是在现实社会中，由于生产力的变化与制度变化的不同步性以及不同主体间利益冲突等方面的问题，使得制度的应然功能并不能完全发挥出来，反而会出现制度失灵与制度异化的现象，阻碍社会的发展，压抑人的发展，等等，使得制度实然功能充满缺憾甚至弊端。本文是从理论上分析制度的功能，而不对制度功能在实际中的发挥状况进行分析评价。

（一）制度的一般功能

从制度的含义和本质来看，制度的作用具有以下特点。一是指导性和约束性。制度对相关人员做什么和如何做都有一定的提示和指导，同时也明确相关人员不得做些什么，以及违背了会受到什么样的惩罚。因此，制度有指导性和约束性的特点。二是鞭策性和激励性。制度以明确的方式规范人们的行为，并依据相关制度规范对人们的行为进行监督和对行为后果进行评价，对人们的行为具有鞭策和激励的作用。三是规范性和程序性。制度的规范性是指对社会活动主体行为的规范作用，制度的程序性则是指制度实施的程序规定。制度通过规范性和程序性维护社会秩序，使人们的社会活动行为规范化、程序化。把握制度作用的特点，有助于理解制度的功能。

设立制度，为的是调节行为、控制冲突、增强合作、规范社会关系等，从而确定秩序，引导和保证社会或组织、团体的发展方向。作为规范、规则意义上的制度，其功能是对人的社会行为进行控制。控制，就是引导人的社会行为；而引导，既有约束、限制的意义，也包含激励、促使的意思。因此，制度的功能可以具体地概括为约束功能、信息功能、激励功能、形塑功能、整合功能五个方面。

1. 约束功能

制度的约束功能在于制度的规范性。制度规则就是限制，制定规则的目的也在于限制。规则的限制表现在：它规定人们能做什么，不能做什么，该怎样做，不该怎样做，从而划定了一条行为的边界。制度的约束是确定权利边界和行为空间。制度作为人们行为的规范体系，它是人们行为的规则，具有形式合理性和合法性，因而对于生活于该规范体系适应范围内的任何组织和个人来说，是一种必须遵守的秩序和规范，是一种外在的强制力量，任何人都不得违反，否则就得付出代价。一般说来，对人的行为约束方式主要有：一是自我约束，二是社会舆论的约束，三是制度的强制约束。制度约束的特点是外部强制性的约束，而不是说服和自律。之所以如此，是由于人类行为具有能动而复杂的特征，需要不同的制度规则对各种可能的具有负面结果的外部性行为提供约束，从而降低人们交往中的不确定性和不可预见性。制度约束之所以必要，是因为人们的行动自由只有在制度的约束下才能得到有效的保证；人们的权利只有在制度的约束下才能得到有效的保障。因此，在制度规定的范围内，是自由与约束、限制与保障的统一。

2. 信息功能

制度具有信息宣示和传递功能。从制度自身所包含的内容来说，制度规则不仅是限制和约束，规则本身就是信息。制度规定人们能做什么，不能做什么，该怎样做，不该怎样做，也就是告诉了人们有关行动的信息。这些信息以明文规定或显著标示的形式传输出来，给人们的行为以明确的信息提示，使人们在确定的信息指引下行动。从制度对于认知和信息的作用来看，制度所给定的特定的信息空间，有利于人们在存在不确定性和风险的环境下，形成稳定的预期和特定的认知模式，以指导个人和组织行为，增强行为的预期。因此，合理的科学的制度必须能够保证信息真实、充分、及时、全面地上下左右传递，使人们能够按照制度所宣示和传递的信息来决定自己的行为和行动方式。

3. 激励功能

由于制度对资源的配置和利益的分配具有合理性和合法性，因而制度就具有对人们活动和行为方式的激励功能和导向功能。所谓激励，就是要使在制度中活动的人其付出和回报实现及时的具体的统一。制度的激励功能，是指依据一定的制度规则对社会成员或组织某种行为的鼓励、奖励或者惩戒、处罚。因此，制度的激励功能有奖励性的正面激励与惩罚性的负面激励之分，即遵守制度应当得到奖励性的正面激励，违反制度则应当受到惩罚性的负面激励。一种有效率的制度要以正面激励为主，以负面激励为辅，以充分发挥制度正面激励和引导的作用。制度作为人们活动和行为的合法性的规范体系，通过具体的规定，明确告知人们提倡什么或反对什么、鼓励什么或贬抑什么的信息，规定着人的行为的选择空间，并以强制力量监督执行，对人们的行为予以奖励或者惩罚。通过制度的激励机制，可以规定人们的行为方向，规范人们的行为方式，影响人们行为的价值取向。所以，制度的激励功能，就在于以明确的规则对人们的行为进行奖励或者惩罚，以调整行为主体的利益关系和社会各种资源配置，从而形成有利于社会和个人发展的社会价值导向。

4. 形塑功能

从社会哲学的角度看，形成和建构社会秩序，必须规范和形塑人们的行为和活动方式。现实生活中的人的需求、价值取向是多种多样的，因而人们的行为追求也是多种多样的。人们正是通过制度的规范和约束，才能使社会保持着某种秩序。制度作为一种有效地规范和约束人们行为的规则，能为人们的行为追求和社会交往提供一个相对稳定有序的活动空间，规范和约束人们的非理性和非制度化的行为，减少和缓解人们之间的行为冲突；减少人们行为环境的复杂性和不确定性，提高人们行为追求和相互合作成功的效率。首先，制度对人的活动方式具有形塑功能。人的活动方式（生产方式、生活方式、思维方式）是在社会化过程中产生或改变的。社会化的主要渠道是制度化安排，制度化的过程就是人的社会化过程，亦即人的活动方式的形塑过程。其次，特定制度所包含的社会价值具有伦理教化作用。制度所预设的伦理、价值观念，直接规定着该社会的整体伦理状况或精神文明发展的方向及其可能性空间，对社会行为主体具有伦理形塑功能。

5. 整合功能

制度对于各种不同的利益关系和社会力量具有协调性和整合性功能。生活在一定社会关系中的人们为了各自的利益追求，必然会在社会交往中形成不同的利益关系，结成不同的利益集团。如果不能对各种不同社会力量进行合理整合，不仅会极大地提高人们的社会交易成本，造成社会资源的巨大浪费，而且还会因种种利益冲突的加剧和各种社会力量内耗的加剧，造成社会发展的停滞甚至倒退。制度是社会关系的规范体系，能够防止和减少社会内耗，形成促进社会发展的“合力”。政治强权和意识形态等精神因素，固然也具有这种协调整合功能，但政治强权的作用，需要建立在制度的形式合理性和合法性之上；而意识形态等精神因素的作用则要通过社会成员的内心觉悟才能实现。相对来说，制度的协调和整合作用要稳定持久和直接得多。

制度作为交往规范和行为准则，具有公共的确定性和公共理性。它赋予人们某些共同的权利和义务，要求人们共同遵守；在价值目标上制度也通过普遍性的形式合理性表现出来，并要求人们以整个社会的名义予以实施其自身的价值目标；制度还具有强制性，通过法律的形式合法性对人的交往规范和行为规则予以确认和巩固，并对违反这种交往规范和行为准则的行为采取严惩的确定性态度，以此将人的行为纳入确定性的形式合法化模式中。制度的社会整合功能主要表现在对社会秩序的整合和对社会力量、利益关系的整合两个方面。首先，制度作为社会规范的一种重要而有力的手段，其最直接的功能是形成和塑造社会秩序。制度的制定是提供社会化的行为规范，确定社会成员共同的权利和义务，使人的活动在制度规范下按照一定的方式和一定的秩序进行，并以外部强制的形式维护这种秩序。具体来说，制度的秩序功能主要表现为对经济秩序、政治秩序、文化秩序、社会秩序等方面的调节和维护，促使整个社会协调运转和有序发展。其次，制度对社会力量和利益关系的整合功能。制度作为一种在一定历史时期、一定程度和一定范围内的社会关系的规范体系，以普遍性的合法的形式确定社会价值目标，能够对社会资源和财富进行形式合理性配置。因而它能够在一定程度上协调和平衡人们之间的各种利益关系，把人们的利益矛盾和冲突控制在一定范围内，并能够整合因利益分化而出现的各种社会力量，防止和减少各种社会力量的内耗，为合作创造条件，实现社会力量整合。

（二）制度与经济发展

马克思是第一个研究经济发展与制度变迁关系的经济学家。马克思主义科学地阐明了制度与经济发展的关系。马克思认为，制度是包括生产关系和上层建筑的社会经济关系的总和。一定的社会经济制度是由生产力决定的，反过来，制度又是影响生产力发展的重要因素。历史唯物主义认为，生产力决定生产关系（制度），生产关系又反作用于生产力；其反作用或者促进生产力发展，或者阻碍生产力发展。同样，经济基础决定上层建筑，上层建筑又反作用于经济基础，并通过这种反作用影响（促进或者阻碍）生产力发展。

1. 制度是经济发展的关键性因素

经济发展的主要因素一般可以归结为以下几类：一是生产组织，包括分工与规模经济，也就是通过分工与专业化生产来提高生产率，通过扩大生产规模来降低生产成本，取得经济增长。二是投入，主要指劳动与资本的增加。早期的经济增长主要靠要素投入，尤其是资本的投入，而现代更重要的是人力资本。三是技术进步，现代科学技术是推动经济发展的第一生产力。四是制度，一个好的制度能产生一套有效的约束与激励机制，为经济发展提供良好的环境条件与动力。在经济发展的诸要素中，制度是关键性的决定因素。一是分工与规模经济是企业生产组织适应发展要求的结果，而新的组织形式实质上是组织制度的创新；二是劳动与资本的投入，要依靠有效制度的激发并通过制度使其得到合理配置；三是技术的进步及其成果的应用要依赖于制度的激励，制度可以使技术更有效地发挥，加快技术成果的转化、应用并降低交易成本。由此可见，制度是经济发展中人力资源、自然资源、资本和技术等要素能够充分利用和发挥作用的驱动器，对经济发展起到关键作用。

从经济学角度看，制度对经济发展之所以至关重要，是因为同样的投入在不同制度安排下的产出与绩效是不一样的。从宏观角度看，制度促进经济发展的实质，就是制度能使社会资源充分释放并合理利用，并推动经济函数的创新。从微观角度看，制度对经济发展的作用就是使所有经济行为主体通过自己能力的充分发挥，最大限度地实现经济主体的利益。在考察经济发展问题时，有一种观点认为，资本缺乏是发展中国家经济发展的主要约束。其实，与其说是资本的缺乏，不如说是制度的缺乏，因为缺乏资本的主要原因是缺乏有效的制度安排。一些发展中国家发展没能成功的原因并不是没有启动资本，而是因为缺乏能长期促进和保障资本积累的法律制度环境。如果制度有效，就会有更多的资本运用到生产中。

改革开放以来，中国的制度创新对经济发展的巨大推动作用，有力地说明了制度是经济发展的决定性因素。中国特色社会主义制度，创造性地把社会主义和市场经济有机结合起来，建立了充满生机和活力的社会主义市场经济体制，极大地解放和发展了社会生产力。与经济体制改革相适应，我们不断推进政治体制、文化体制、社会体制、生态文明体制等方面的改革，使中国特色社会主义制度更加充满生机，更加具有吸引力和凝聚力，推动了经济社会持续快速发展。改革开放以来，我国国内生产总值年均实际增长速度是同期世界经济增长速度的3倍多，经济总量跃升为世界第二，综合国力大幅提升，人民生活水平普遍提高。这些发展成就无可辩驳地证明，中国特色社会主义制度有利于解放和发展社会生产力，推动经济社会持续快速发展。

2. 制度功能与经济发展效应

分析研究制度对经济发展的功能，能够深入认识制度的内在功能、机制对经济发展的具体效应。现代经济的运行发展需要“两只手”推动，一只是市场“看不见的手”，另一只是制度“看得见的手”。从经济学视角看，制度对经济发展的功能效应主要有三个方面：一是规范约束功能。制度能够规范约束经济主体的行为及相互关系，使社会经济行为与活动有序，减少社会经济中的不确定性与“寻租”行为。二是激励功能。良好的制度能够形成一种使社会资源与潜力充分释放的机制，激发社会组织与成员积极性，提高效率。三是保障功能。制度通过明确产权，强化经济主体权利，能够减少经济机会主义，降低交易成本。在市场经济条件下，有效约束、充分激励、提升效率是经济发展的三大基本问题，制度的三大功能恰恰有助于解决市场经济的约束、激励和效率三大基本问题。从价值判断的角度看，一种有效的良好的制度，应该是其功能能够充分发挥，保障经济发展潜力充分释放的制度；应该是对经济主体能有效约束、充分激励的制度；应该是产权明确，交易费用最节约的制度；应该是一种具有较高效率、有效推动经济发展的制度。这就是制度对经济发展的功能及其效用。

制度作为一种社会组织及成员共同遵守的规程或行为准则，它首先是一种规范约束机制，具有规范约束功能。从经济主体（包括法人和自然人）的微观角度来看，制度通过权利和义务系统地确定经济主体的地位和角色，通过规程来约束经济主体的行为界限。为社会组织及成员提供思想和行为导向，规范并调适人际关系，以避免个人与社会的矛盾和冲突，并使经济主体能通过判断他人的行为来确定自己的选择，从而降低经济决策中的不确定性与个人行为的无效性。制度的规范约束功能还在于通过一系列规则来界定经济主体的相互关系，维护社会经济秩序，包括生产、分配、交换、消费秩序以及交易的规则，使社会成员自觉地遵守它，从而减少经济活动中的不良行为，并使人们形成一种稳定的、长期的理性预期。否则，行为人无约束地追求自身利益，必将导致整个社会经济的无序，阻碍经济的良性发展。

制度激励功能在经济活动中的体现，主要是通过有效的激励机制，激发经济主体的潜能和创造力，使社会资源及其潜力得到充分释放。经济发展需要动力来推动，这种动力主要来源于制度的激励机制。在经济发展中，资本、人力资源、技术等要素的社会投入程度以及作用的发挥程度取决于制度中的激励结构。一个具有激励功能的制度，可以激励更多资本投入，激励技术进步，激励企业的活力，激励劳动者的积极性，从而促进经济的发展。制度是一定约束下的激励机制的组合，有效的制度应是一种能提供充分激励的制度。制度激励的实质就是通过一种有效的制度安排和一定的利益机制，营造一种社会环境，充分激发社会组织与成员的积极性和创造性，并将这种动机转化为经济发展的动力。在市场经济条件下，有效激励的制度安排主要有两方面：一是利益机制。利益机制是根据人的需要与目标来激发、驱动和强化人的行为而产生内在动力，它包括物质激励和非物质激励。二是竞争机制。竞争机制是通过优胜劣汰的外部压力来激发社会组织与成员的活力，并转化为经济发展的动力。

制度对经济发展的一个重要功效是明确产权，降低交易成本。产权是财产所有制关系的法律表现，是一种激励个人或集体行为的基本制度。在制度安排中，明确产权及其有效保护非常重要。它不仅有助于发挥各经济主体的积极性，保证各种资源最有效的运用，而且还有助于减少机会主义行为，降低交易成本。任何交易总是在特定制度下完成的。一种有效率的制度应该是交易成本较低的制度。在制度安排中，对交易成本影响最大的是产权制度。因此，要使交易成本最小化，关键是明确产权。在经济发展实践中，产权的明确至关重要。如果经济主体的产权不明确，财产界限模糊，财产的所有权不确定，所有权不能有效保护，那么经济主体的积极性就会消失，财产与资源就会被滥用而缺乏效率，使交易成本增加，经济发展便失去动力与效率。交易成本的降低则有利于降低社会经济的运行成本，提高经济发展的效率。

（三）制度与政治发展

1. 政治制度的功能

政治制度是围绕政治权力的构成和行使，调解政治冲突、规制人们政治行为的规则和规范体系的总称。政治制度作为特定社会占统治地位的政治主体通过组织政权以实现其政治统治的原则和方式的总和，是由国家正式颁布和强制执行的，极具强制性。它对整个社会的影响和作用，无论在广度、深度和强度上都是其他制度所无法比拟的；其他社会制度与社会规定必须服从和服务政治制度的内在要求，在政治制度允许的范围内发挥作用。

（1）政治统治功能。

政治制度是经济基础的上层建筑，体现着鲜明的阶级性，其首要的功能是政治统治的工具。政治制度首先是明确规定统治阶级政治权力的归属、控制、调节和使用。政治制度作为国家机器运转的框架和轴承，是统治阶级赖以进行统治和管理的工具。

（2）价值定向功能。

所谓价值定向，是指政治制度要为社会共同体选定集体价值目标。统治者可以通过政治制度的设计和实施，通过公共权力的运用使公共利益得到确认，并且通过具体政策使公共利益变为现实。因此，一种政治制度一旦被确立，就意味着它也为社会确立了一个基本价值的目标框架，包括统治者在内的社会各集团的合法活动都要以此为框架和参照物，并在此框架内活动。

（3）政治保障功能。

政治制度是政治意识的规则化和政治行为的具体规定。文明的政治制度能够更好地保护人们的合法利益，能够通过维护良好的政治秩序和各种社会秩序，提高人们对政治制度的认同感和忠诚程度，从而增强政治体系合法性基础，为政治文明的健康发展提供保障。

（4）社会发展功能。

政治制度是人们支配和享用政治资源和政治文明成果的制度保证。良好的政治制度通过一系列制度设计、制度建设和制度安排，使政治文明的成果体现在社会政治发展的实际过程中，进而内化为人的素质，使政治文明的进一步发展获得新的动力，并由此促进社会不断进步。

（5）社会整合功能。

政治制度具有调节社会成员或群体之间的冲突以促进合作的功能。任何社会都需要一系列的整合机制才能防止分裂，维持生存和促进发展。文明的政治制度通过对政治参与渠道的最优化安排，通过对调节冲突的政治程序的制定，可以把互相冲突的各种社会政治力量整合在一个统一的体制和秩序之中，使冲突与合作得以平衡。

2. 政治制度与政治发展

与经济的发展一样，政治也有一个发展与不发展的问题。影响政治发展的因素是多方面的。历史唯物主义认为，政治是经济的集中体现，因此经济是政治发展的决定性因素。政治制度是社会经济关系的产物，社会经济关系是制度产生的深层动因。政治制度是在社会进步发展到一定阶段，是人类摆脱了原始状态，有了国家之后才出现的社会现象。任何性质的国家都会建立相应的政治制度，以维持和保障其生存与发展。在整个人类文明发展史上，代表着先进生产力发展方向的阶级在通过社会革命或其他方式取得国家政权之后，通过彻底改变旧有的生产关系，确立起新的生产关系和社会关系，并在新的生产关系的基础之上建立起与之相适应的社会政治组织和社会政治制度。顺应生产力发展的政治制度，对社会政治文明进步起到积极的推动作用。政治制度既有反映着社会政治文明程度的一面，也有为统治阶级服务的一面。社会政治制度总是打着时代的烙印，一切落后的政治制度不能代表人类社会发展的正确方向，必将被历史发展所淘汰，被人民所抛弃。任何维护反动统治阶级利益，束缚生产力发展和阻碍社会进步的政治制度，必然将被代表先进生产力的发展、推动着社会政治文明进步的新的政治制度文明所取代。

由于制度带有根本性、全局性、稳定性和长期性，制度问题关系执政党和国家的前途命运，因此制度对一个国家的政治发展具有重要作用。从制度政治学角度来说，在政治制度层面，政治发展主要表现为由于经济基础和阶级力量对比的变化所引起的国家管理形式、结构形式的进化发展，是指变革法律和政治的上层建筑所创造的适应社会发展要求的制度和体制成果，主要表现为政治领域管理社会，处理和协调各种社会关系的各种制度、体制及运行机制的优化和发展。当然，政治制度因其性质、形式、时代适应性等情况不同，它对政治发展的作用是不同的。具体而言，良好的制度对推动政治发展进步的作用主要表现在几个方面：一是增强政治活力，提高行政效率；二是协调利益关系，促进社会公平正义；三是调解社会矛盾，建立良好政治秩序；四是规范政治权力行为和权力主体，建设廉洁政治。

（1）制度与政治活力。

增强政治活力，提高行政效率，是政治文明的重要体现。所谓政治活力，最主要的是政治创造力和政治体制、机制自我完善的能力。这也就是邓小平所说的："党和行政机构以及整个国家体制要增强活力，就是说不要僵化，要用新脑筋来对待新事物。"① 行政效率是指公共组织和行政工作人员从事公共行政管理工作所投入的各种资源与所取得的成果和效益之间的比例关系。各种资源是指人力、财力、物力和时间以及各种有形无形的资源。成果是指管理成果，包括有形的物质成果和无形的精神成果。效益包括经济效益和社会效益，主要是社会效益。行政效率就是政府效率，包括组织效率（高级决策层所表现的效率）、管理效率（中间管理层所表现的效率）和工作效率（基层工作人员所表现的效率），这三个层次的效率是相互影响、相互补充的。邓小平在谈到政治体制改革时特别强调，政治体制改革第一个目标是始终保持党和国家的活力，第二个目标是克服官僚主义，提高工作效率②。这说明制度对增强政治活力、提高行政效率有重要作用。制度在这方面的作用，主要体现为通过政治体制改革推动上层建筑适应经济基础，优化政府结构，科学规范政府职能，提高国家机构履职能力，实现国家治理体系和治理能力现代化。

（2）制度与公平正义。

利益关系是人类社会最基本的最本质的关系。协调利益关系，促进社会公平正义，政治制度有着十分重要的作用。怎样最大限度地创造物质财富是经济制度所要解决的问题，而财富生产出来后如何进行分配，则是政治制度的事。政治制度一方面要保证个体以及群体合理的利益要求和利益追求，另一方面又要约束、规范个体和群体的利益最大化行为，使其以不损害社会的公共利益和其他个体、群体的利益为前提。良性的政治发展正是通过制度对社会利益的分配来理顺人们之间的利益关系，确认一定的与社会发展水平和人们对社会公平正义诉求相适应的利益结构。实现社会公平正义，从根本上说要靠制度来保障。要通过创新制度安排，努力克服人为因素造成的有违公平正义的现象，保证人民平等参与、平等发展的权利。制度建设的核心是要合理解决权力配置问题，完善有利于公平正义的法治基础，防止因权力滥用造成的社会不公，建立以权利公平、机会公平、规则公平为主要内容的制度公平保障体系。

（3）制度与政治秩序。

制度形成于人类对社会利益冲突的反思。人们为了避免在利益冲突中遭受

---

① 《邓小平文选》第3卷，人民出版社，1993，第241页。

② 参阅《邓小平文选》第3卷，人民出版社，1993，第179页。

重大损失，避免社会分裂，必须通过制度建立一定的政治秩序，以维持社会秩序和稳定。社会矛盾是客观存在的。问题的关键是如何引导、消解社会矛盾，把它控制在秩序所能允许的范围之内，避免对抗和暴力。政治制度是围绕政治权力的构成和行使，调解政治冲突和规制人们的政治行为的规则和规范的集合，是调解社会矛盾的平台。首先，政治制度所确立的政治秩序是建立和维护社会秩序的先决条件和政治基础。良好的制度能够保证政治权力的有序运转和社会对政治的有序参与，而政治失序必然引发冲突，导致社会混乱。其次，良好的政治制度作为重要的矛盾整合机制，能够消解矛盾，防止政治动乱。一种制度能够化解矛盾和冲突的能力的大小，决定一个社会秩序稳定程度的强弱。换言之，制度化解冲突的能力与秩序维持的程度成正比关系。通过政治体制改革，创新制度，提高国家和社会治理能力，为相互冲突的利益主体消除对抗、走向合作，从而维护良好的政治秩序，促进政治文明发展。

（4）制度与廉洁政治。

反对腐败、建设廉洁政治，是政治文明发展的必然要求。腐败是一种滥用公权力谋取私利的现象。防治腐败就需要制度对政治行为进行规范约束，把权力关进制度的笼子里。首先，要以制度制约和监督权力，防止权力异化而发生腐败。权力具有扩张性、支配性、腐蚀性的一面，不受约束的权力必然导致腐败。正如邓小平所说："制度好可以使坏人无法任意横行，制度不好可以使好人无法充分做好事，甚至会走向反面。"[①] 制度对权力的规范约束，一是对权力和权力运行的规范约束，二是对权力主体及其行使权力的规范约束。制度对权力的规范约束作用，主要是科学界定公权力的边界和行使规则，合理制衡权力，使国家机构和公务人员按照法定权限和程序行使权力，增强权力行使的规范性和不可违反性，从而把权力关进制度的笼子里。其次，要以制度管控政务行为，防范和惩治腐败现象。任何行为都有其边界，政治行为也不例外。制度对人的行为控制属于外部控制，主要通过制度规范和制度的激励功能来实现。政治制度通过对主体权利与义务的明确界定，规定了各种情形下主体的权利空间和利益限度，为主体提供了何者可为、何者不可为的信息和预期，从而规定了各政务行为主体的实际活动范围以及基本的行为方式。同时，政治制度以其独有的国家意志的强制性规定了惩罚或激励的措施，对政务行为进行管控，激励权力

---

① 《邓小平文选》第 2 卷，人民出版社，1994，第 333 页。

主体规范从政，惩戒不良从政行为，从而防范和惩治腐败。现代政治发展实践表明，廉洁度高的国家无一不与其严密的制度创设有关，这是有力的佐证。

（四）制度与人的发展

1. 制度是人的社会本质的现实展现

人的本质、人的发展是马克思关于人的学说中的核心问题。他从人与动物相区别的角度，将人的类本质、类特性界定为“自由的有意识的活动”，即劳动；从社会中的人与人相区别的角度，将人的社会本质界定为“一切社会关系的总和”。前者构成了马克思考察人的本质、人的发展的生产力维度，侧重于人与自然的关系；后者构成了马克思考察人的本质、人的发展的社会关系维度，侧重于人与人的关系。人与自然的关系、人与人的关系构成了人的对象化活动的空间和舞台。

从制度视角来看，制度是社会关系集中和具体的体现，是人的社会本质的现实展现。马克思在《关于费尔巴哈的提纲》中指出：“人的本质不是单个人所固有的抽象物，在其现实性上，它是一切社会关系的总和。”[①] “社会关系的总和”在其根本意义上是以物质生产为基础的，在大规模的产业活动中通过分工与协作，人们首先形成了物质利益关系，之后又形成了政治关系、宗教关系等。把物质生产劳动作为研究人的本质的出发点，从人所创造的社会环境和制度体系中去把握人的具体的、现实的社会本质，是马克思揭示人的本质的一种根本方法。“以一定的方式进行生产活动的一定的个人，发生一定的社会关系和政治关系。”[②] 所以，人类的一切经济活动都是在某种特定的制度环境中进行的。自亚当·斯密以来，人是追求自身利益（或效用）最大化的“经济人”一直是经济学的基本假定之一。然而，在个人追求自身利益最大化的同时并不一定带来社会利益的最大化，甚至两者之间存在着巨大的差异和矛盾。因此，制度本质上是一个社会为了使其能够顺利运行而实行的集体对个体行为的约束和控制，或者是为了协调人与人之间的相互关系而进行的社会性活动。一方面，制度通过“禁止”功能使个人的谋利行为不能损害他人乃至整个社会的利益；另一方面，制度通过“保护”功能使个人正当利益乃至全社会利益得以顺利实现。制

① 《马克思恩格斯选集》第1卷，人民出版社，1995，第56页。
② 《马克思恩格斯选集》第1卷，人民出版社，1995，第71页。

度的本质特征之一就是“社会性”。每一个社会成员都可以利用制度保护自己的利益不被他人侵害，同时也受制度的约束而不能侵害他人的利益。

2. 人的发展的经济制度保障

要实现人的发展，必须保证人的发展的基础条件。经济是社会发展的基础，也是人的发展的基础。因此，经济制度对人的发展具有决定性的作用。马克思毕生致力于对人的发展的制度条件特别是经济制度条件的研究。在《1844 年经济学哲学手稿》中，马克思着眼于现实人的活动，将人的发展的内涵界定为“以一种全面的方式，也就是说，作为一个完整的人，占有自己的全面的本质”[①]。这是一个包含物化、异化和异化克服的命题。物化表现为人的本质的对象化即劳动的过程，马克思把劳动称为人的本质的对象化，把工业看成人的本质力量的公开的展示。异化表现为由于生产资料和劳动的分离，劳动的过程及其结果反过来控制、支配劳动者。异化的克服表现为，只要异化存在，必然要达到它的极端，因为自我异化的扬弃同自我异化走的是一条道路；而极端的异化形式，是一个必然的过渡点，它已经包含着一切狭隘的生产前提的解体，而且它还创造和建立无条件的生产前提，从而为个人的全面的、普遍的发展创造和建立充分的物质条件。马克思的崇高价值理想是“人的自由全面发展”，他心目中的理想社会是“自由人的联合体”。马克思主义创立的目的，就在于推翻人剥削人、人压迫人的剥削制度，实现生产资料和劳动者直接结合的社会制度，为人的全面发展提供制度保障。

我国的改革开放实质上是以制度创新促进人的解放和发展、实现社会进步的过程。我国始发于 20 世纪 70 年代末的经济体制改革是中国的第二次革命。这次改革之所以成功，关键就在于它使从农民到城市职工的社会主体对基本生产资料的所有权得到了落实，他们在社会生产和再生产过程中的直接生产、分配、交换、消费各环节的责、权、利关系得到了彰显和统一，人的自主性、自动性、能动性、创造性也就得到了伸张和发展。在我国现阶段为了进一步消除阻碍人的发展的体制性障碍，就必须理顺以所有制为核心的经济关系、经济制度，其内容包括“完善公有制为主体、多种所有制经济共同发展的基本经济制度；建立有利于逐步改变城乡二元经济结构的体制；形成促进区域经济协调发展的机制；建设统一开放竞争有序的现代市场体系；完善宏观调控体系、行政

---

① 《马克思恩格斯全集》第 42 卷，人民出版社，1979，第 123 页。

管理体制和经济法律制度；健全就业、收入分配和社会保障制度；建立促进经济社会可持续发展的机制”。

3. 制度安排与人的发展

交往和合作是人类存在的基本方式，也是内在于人的本质属性。人的交往活动形成了制度，制度安排源于人的存在和发展的需要，是人的自由自觉活动的产物，也是主体性这一人的本质属性的表征。由此，制度安排便是人的存在与人的本质的对象化，也是人的存在和人的本质在观念形态上的确认。制度安排就是为了满足人类的各种需要而形成的社会关系，以及与此相联系的社会活动的规范系统。

制度安排形成于人的交往活动，并寓于人的交往活动的全过程。人与制度的关联，一方面，制度安排源自人的行为和实践活动，人是制度安排的主导者，没有人及其交往活动，也就没有制度安排；另一方面，一定时代的个人与群体，又是特定制度舞台上的主体，制度安排作为一种人的本质对象化的社会存在，它的结构、它的发展规律、它在历史中长期积淀与形成的各种关系和惯性等，又制约着人的活动，成为人的实践活动的构成机制。人的存在和人的本质在其现实性上，要通过也必须通过人的发展表现出来。在制度安排与人的发展的关系中，制度安排是作为一个既定的结果而存在的，人的发展成为作用的对象或者客体。同时，由于制度安排与人的发展之间是紧密关联的，制度安排既作用于人的发展，人的发展同样也作用于制度安排，这两者之间表现为互为主客体的互动关系。

一定历史阶段的人，首先生活在历史上生成的制度环境之中，以一定的制度安排作为自己活动的出发点。如同人无法选择自己的出生一样，人一出生就必须接受既定的制度安排，具有不可选择性。特定历史阶段的制度安排，是人的发展的基础和前提条件，制度安排正是在这一意义上对人的发展发生作用的。制度安排对人的发展具有受动性和规定性的意义。这种受动性和规定性的意义在于，制度安排为人的发展设定了一个既定的历史平台或框架。既定的制度往往对人怎样活动，包括活动的方式和活动的空间，做出种种安排，对人的权利与义务、自由与秩序，制定出各种规定。特定历史阶段的人的发展不可避免地要被打上制度安排的烙印，换句话说，制度安排赋予人的发展特定的社会历史内涵。马克思在对资本主义制度的批判中曾经指出，在私有制和旧式分工中，劳动者与产品的分离和对立，人的狭隘的占有方式，以物的依赖关系为特征的人与人的交往关系，决定了人作为人是片面的、畸形的、贫乏的和异化的。无论是奴隶制下人的“奴性桎梏”，资本主义制度下人的“利己性张扬”，还是社会主义制度下人的“自由全面发展”，都显示了特定历史时期制度安排对人的发展的深刻影响。

制度安排对于人的发展不仅仅具有受动性和规定性的意义，它同时也具有肯定性的积极作用。尽管制度安排赋予人的发展以历史的规定性，但是人的主动性以及追求自我完善和自我发展的不竭动力，使人在面对既定的制度安排的同时，便将这种既定的制度安排，作为他们争取新的自由和发展可以凭借与利用的力量和手段。以此看来，制度安排作为人的发展赖以进行的基础与条件，同时也是推动人的发展朝更加全面的方向迈进的杠杆。人们对现存制度的变革，实质上不过是在追求一种更加适合人的发展的有效和可能的制度形式。因此，当现存的制度安排被人的实践活动所改变时，也即意味着人们获得了一种新的发展的制度条件。正是由于人的实践活动引发的制度变迁，并最终以新的制度安排的形式得以确认，制度变迁与制度安排成为人的发展的动力。历史上，任何社会结构的调整、社会关系变革和社会形态的更替，首先必须以制度的变革为先导，并以新的制度安排的形式反映出来。人的发展在新的制度安排中，获得了与传统不同的自由空间。虽然并非任何一个制度的变迁或转型，都为人的发展提供了更大的可能，但从整个制度发展的历史看，制度变迁的总体方向是朝着有利于人的发展趋近的。马克思将人类社会形态区分为“人的依赖关系”阶段、“以物的依赖关系为基础的人的独立性”阶段，以及建立在个人全面发展基础上的“自由个性”阶段的理论，正是揭示了这一历史进程的规律。

三、制度正义论

公平和正义，是千百年来人类不懈追求的一种美好社会理想和愿望，是人类社会共同的向往和追求。人类自进入有阶级的社会以来，由于私有制、剥削和压迫的存在，人与人之间产生了极大的不平等。在人类社会发展的整个历史进程中，人们对理想社会制度的期待和设计，始终贯穿着对社会公平和正义的向往与追求。制度正义的问题是制度的伦理学研究维度，即制度的合理性研究，也就是对制度的正当、合理与否的认识与评判。制度研究的伦理学维度是十分必要的，因为任何一种制度都有其价值原则和伦理底蕴。正义作为制度的基本价值原则，实质是指社会正义，也就是对一个社会的制度体系之存在、结构及其运行状态合理与否的追问，它的目的在于按照正义原则的要求去构建和创新社会关系。其实质是该社会中各项制度所规定的人与人之间、个人与社会之间以及其他社会主体之间关系的某种合理状态，即要求各社会主体的权利与义务、付出与所得之间，以及各主体本身的所得与所失、地位与作用之间平衡对等，以达到社会生活的和谐有序。

（一）历史上关于公平正义的探索

关于公平正义，古今中外学说纷呈，各自从不同的角度、不同的立场来分析和论述这个问题。

在中国，春秋战国时期的诸子百家，就开始对社会公平和正义问题进行了思考。孔子提出“有国有家者，不患寡而患不均，不患贫而患不安。盖均无贫，和无寡，安无倾”，追求一种以均等为标准的公平社会秩序。墨子主张“兼相爱”，并勾画出一个令人向往的“爱无差等”的公平理想社会。西汉时期的《礼记·礼运》更提出了“大道之行也，天下为公”的博大思想，论述了理想的社会制度。董仲舒则从“大富则骄，大贫则忧”的思考出发，提醒圣者应使“富者足以示贵而不至于骄，贫者足以养生而不至于忧，以此为度而调均之”的“均产论”主张，是理念和制度建设结合的观点。宋代王安石推行改革变法，主张抑制豪强，促使社会公平正义。近代的康有为在《大同书》中提出要建立一个“人人相亲，人人平等，天下为公”的理想社会。孙中山提出用“三民主义”改造旧中国，其民生主义就是要均贫富，使人人有平等的地位去谋生活，从执政理念和制度设计、分配公允等角度来论述公平正义。

西方历史上的思想家大都将正义视为社会或制度的首要价值，并从社会的本质以及人们结成社会的动机等方面去揭示正义的内涵与意义。古希腊思想家柏拉图根据其社会分工思想，把希腊传统的“四大德目”中的智慧、勇敢和节制分别与统治者、卫士和劳动者三个等级相对应，而“正义”则被看作是一个根本性的、能够涵盖其他美德的伦理范畴，它囊括了其他的几种德目。柏拉图认为，正义还有一个重要特点，那就是相对于其他美德而言，正义应当首先成为国家或城邦的美德，即在国家或城邦中得以贯彻实现，这种城邦正义主要表现为社会分工和等级制度的完善。换言之，正义就是人们各司其职、各在其位。柏拉图的学生亚里士多德继承并发展了柏拉图的社会正义观，并从更广泛的角度讨论了正义问题。亚里士多德认为，人类之所以要建立社会团体，过一种社会生活，目的就在于达到某些“善业”，而城邦国家作为最高等最完善的社会团体也必然会追求最高的“善业”，从而在物质、道德等各方面都保证其成员过上良好的生活，这就要求以正义作为社会的基本构建原则。为此，亚里士多德着重探讨了法律正义和政治正义方面的问题。霍布斯、洛克、卢梭等人从社会契约论的角度探讨了正义问题的起源和内涵。近代社会契约论将人类生活分成两种截然不同的形态：自然状态和社会状态。其中洛克的观点很有代表性，在他的笔下，自然状态中每个人都在自然法内平等地享有按自己的意愿行事的自由，因此自然状态就是一种自由平等的状态。这就导致了自然状态的一些缺陷，如缺少一种明确的具有普遍约束力的法律以及执法者，从而造成纷乱和争执。为了保障整个社会的井然有序以及每个人的权利，就需要一个作为公断人的权威机构即国家权力的介入。洛克认为，国家政治权力既非来自神授，也非来自武力征服，而是来自所有的人在自由平等的基础上缔结的契约，因为契约本身就意味着自由、自愿、平等和独立，由此所产生的制度和法律也就相当于缔约者的意志自律。社会契约论通过对社会产生过程进行的逻辑建构，阐释了社会关系构建的基本原则即平等、自由、独立和民主等，主张在各社会主体之间建立一种权利与义务的均衡关系，实现了社会关系“由身份到契约”的转换，这其实也正是其正义的核心主题。

当代美国著名政治哲学家罗尔斯在其代表作《正义论》一书中，阐述了与社会契约论基本一致的正义原则及其逻辑理路。在《正义论》中，罗尔斯开宗明义地指出：“正义是社会制度的首要价值，正如真理是思想体系的首要价值一样。”在罗尔斯看来，正义原则应优先于具体的制度体系和组织结构。罗尔斯在严密的逻辑论证基础上提出，处在原初状态（相当于社会契约论的自然状态）下的人们将选择处于一种先后顺序之中的两个正义原则，其核心是要求按照这样一种原则来建立社会制度体系，即在各社会成员之间尽可能平等地分配各种基本权利和义务，以及由社会合作所产生的利益和带来的负担，将各种职务、地位和机会平等地向所有人开放，只允许对那些“最少受惠者”有利的不平等分配存在。在罗尔斯提出的两个正义原则中，第一正义原则表现出明显的自由主义倾向，而第二正义原则则表现出平等主义的倾向。自由和平等一直是西方社会价值体系的两块基石，但这两者在历史上又一直存在着或隐或显的矛盾和冲突，导致现实政治也往往在二者之间摇摆不定。罗尔斯的正义理论试图走出这种困局，协调自由与平等的冲突，并取得了突破性的进展。这也是《正义论》一书在西方政治哲学、伦理学等领域产生广泛影响的一个重要原因，其中所阐述的正义原则也将西方正义思想史推向了一个新的高度。总之，正义是制度的灵魂和首要价值，也是制度创新的“阿基米德支点”。

（二）马克思主义关于公平正义的理论

马克思主义对正义的考察有着不同寻常的视野，对正义的寻求是通过对资本主义剥削制度的批判，揭示生产资料私人占有是资本主义社会剥削、压迫、异化、奴役等种种非正义现象的根源；认为只有在高度发达的经济基础之上消灭一切非正义的社会制度和现象，实现全人类的彻底解放，建立共产主义，才是人类社会真正意义上的正义，从而对正义理论做出了独特的贡献。马克思主义关于公平正义的理论，是建立在辩证唯物主义和历史唯物主义基础之上的。在马克思主义以前，由于人们未能正确认识人类社会的本质及其发展规律，历史上人们对公平正义的各种探索虽各有片面的真理性，但总体上是不科学的。只有辩证唯物主义和历史唯物主义科学的世界观和方法论，才是我们正确认识制度正义问题的科学指南。

首先，公平正义是历史的，必须从生产方式的历史必然性来认识制度正义问题。马克思主义认为，制度作为上层建筑是由经济基础决定的。制度及其正义与否的价值评判，必须与一定的生产方式的历史存在相联系才能正确理解。第一，正义是与一定的生产方式相适应的。马克思在论述生息资本交易活动时，批判资产阶级学者所谓“天然正义”的观点，指出这一交易活动的正义性在于：“这种交易是从生产关系中作为自然结果产生出来的。这种经济交易作为当事人的意志行为，作为他们的共同意志的表示，作为可以由国家强加给立约双方的契约，表现在法律形式上，这些法律形式作为单纯的形式，是不能决定这个内容本身的。这些形式只是表示这个内容。这个内容，只要与生产方式相适应、相一致，就是正义的；只要与生产方式相矛盾，就是非正义的。在资本主义生产方式的基础上，奴隶制是非正义的；在商品质量上弄虚作假也是非正义的。”①第二，正义与生产方式的进步性是一致的。从制度层面来看，每一种生产方式的正义性应当从历史发展规律的高度来把握。在各种阶级压迫和剥削的社会制度中，社会的发展是以人的片面发展为代价的。从这一意义上说，它们都是不正义的。但是，从历史发展规律来看，奴隶制代替原始公有制、封建制度代替奴隶制度、资本主义制度代替封建制度，又都有其历史的必然性和合理性。因此，马克思主义认为，每一个先进的生产方式和社会制度代替落后的生产方式和社会制度都是正义的。

其次，正义是相对的，是受一定的经济社会条件限制的。马克思指出：“权利决不能超出社会的经济结构以及由经济结构制约的社会的文化发展。”② 经济是基础，正义的基础和根源是经济。正义总是与一定的经济社会状况相联系的，没有绝对的正义，正义都是相对的。因此，不能离开经济社会发展的必然性来谈论公正的问题。马克思在批判空想社会主义时说：“什么东西你们认为是公道的和公平的，这与问题毫无关系。问题在于在一定的生产制度下什么东西是必要的和不可避免的。”③ 把正义绝对化，以空想原则剪裁现实，这是历史唯心主义。

再次，正义是具体的历史的，不存在超越时空的所谓“永恒正义”。马克思主义认为，正义是历史的产物，并非是永恒的和一成不变的。人类社会并不存在什么永恒的正义。在历史上，正义总是与一定的社会经济政治制度相联系。恩格斯指出：“希腊人和罗马人的公平观认为奴隶制度是公平的；1789 年资产者阶级的公平观则要求废除被宣布为不公平的封建制度。”④ 在观念上，各种正义论都是一定经济关系决定的。历史唯物主义认为，社会存在决定社会意识。正义作为一种观念，都是一定经济关系在人们意识上的反映。恩格斯在批判蒲鲁东的“永恒正义”时指出：“这个公平却始终只是现存经济关系在其保守方面或在其革命方面的观念化、神圣化的表现。”⑤“永恒正义”论否定经济关系，将正义绝对化和神圣化，是历史唯心主义。在实践上，正义总是受到一定经济基础的制约，并最终决定于物质生活条件。经济是基础。离开了生产力的发展，

① 《马克思恩格斯全集》第 46 卷，人民出版社，2003，第 379 页。
② 《马克思恩格斯选集》第 3 卷，人民出版社，1972，第 12 页。
③ 《马克思恩格斯选集》第 2 卷，人民出版社，1972，第 181 页。
④ 《马克思恩格斯全集》第 18 卷，人民出版社，1964，第 310 页。
⑤ 《马克思恩格斯选集》第 2 卷，人民出版社，1972，第 539 页。

人类生存就会失去基本物质条件。试想，在这种情况下能有什么正义可言。正如恩格斯在批判蒲鲁东主义“永恒正义”时所指出的：“至于这样做我们会丧失千分之九百九十九的生产力，整个人类会陷于极可怕的劳动奴隶状况，饥饿就要成为一种常规，那也没什么了不起，只要我们能搞好交换，使每个人都能得到‘劳动的十足收入’并使‘永恒公平’得以实现就行了！只求公平得胜，哪怕世界灭亡！”① 因此，是历史发展的必然性决定正义的具体性，而不是所谓“永恒正义”决定历史发展的必然性。

（三）制度正义：实质正义与形式正义

制度正义包括实质正义和形式正义，是实质正义与形式正义的统一。实质正义是制度正义的基础，要实现实质正义，首先要保证制度和法律能体现事物的本质和规律。因正义具有历史范畴的属性，正义的社会内涵总是由某种经济关系及其所带来的利益结构决定的。恩格斯说过：“在道德上是公平的甚至在法律上是公平的，从社会上来看可能远不是公平的。社会的公平或不公平，只能用一门科学来断定，那就是研究生产和交换这种与物质有关的事实的科学——政治经济学。”② 所以，要判断社会制度正义与否，是不是符合当时事物发展的本质和规律，衡量的主要标准是这个社会中以生产和交换为中心的经济制度，而不是政治制度与法律制度。马克思与恩格斯都认同，社会制度与生产方式的一致性是判定社会制度公平正义的基本标准。他们认为，一个社会的公平与正义集中体现在它实行的生产关系和交换关系上。这是一种在法律上体现为契约形式，在经济上体现为交易形式的交往关系。这种交易是从生产关系中作为自然结果产生出来的，只要与生产方式相适应、相一致，就是正义的；只要与生产方式相矛盾，就是非正义的。从正义本身来看，法律制度和政治制度只是表示人与人之间进行交易时形式上的正义性，而社会制度正义与否，取决于法律、政治制度等与生产方式之间是否存在一致性。马克思曾经有过如下论述：“立法者应该把自己看作一个自然科学家。他不是在创造法律，不是在发明法律，而仅仅是在表述法律，他用有意识的实在法把精神关系的内在规律表现出来。如果一个立法者用自己的臆想来代替事情的本质，那么人们就应该责备他极端任

① 《马克思恩格斯选集》第2卷，人民出版社，1972，第480页。
② 《马克思恩格斯全集》第25卷，人民出版社，2001，第488页。

性。同样，当私人想违反事物的本质恣意妄为时，立法者也有权利把这种情况看作是极端任性。”[①] 在谈到社会分配制度的正义性时，无论是马克思还是恩格斯，也都反对对利益、产品的分配做抽象的讨论，他们认为公平的分配本质上是由生产决定的。针对这一点，恩格斯说：“一个社会的分配总是同这个社会的物质生存条件相联系，这如此合乎事理，以致经常在人民的本能上反映出来。当一种生产方式处在自身发展的上升阶段的时候，甚至在和这种生产方式相适应的分配方式下吃了亏的那些人也会欢迎这种生产方式……只有当这种生产方式已经走完自身的没落阶段的颇大一段行程时，当它多半已经过时的时候，当它的存在条件大部分已经消失而它的后继者已经在敲门的时候——只有在这个时候，这种越来越不平等的分配，才被认为是非正义的。”[②] 离开与生产方式的关系这一尺度，就难以对分配制度是否正义做出正确判断。恩格斯在《反杜林论》中进一步指出：“生产以及随生产而来的产品交换是一切社会制度的基础；在每个历史地出现的社会中，产品分配以及和它相伴随的社会之划分为阶级或等级，是由生产什么、怎样生产以及怎样交换产品来决定的。所以，一切社会变迁和政治变革的终极原因，不应当到人们的头脑中，到人们对永恒的真理和正义的日益增进的认识中去寻找，而应当到生产方式和交换方式的变更中去寻找；不应当到有关时代的哲学中去寻找，而应当到有关时代的经济中去寻找。对现存社会制度的不合理性和不公平、对‘理性化为无稽，幸福变成苦痛’的日益觉醒的认识，只是一种征兆，表示在生产方法和交换形式中已经不知不觉地发生了变化，适合于早先的经济条件的社会制度已经不再同这些变化相适应了。”[③] 同时，要做到实质正义，还要使制度与法律能够体现人民的意志，这同样重要。马克思说：“使法律成为人民意志的自觉表现，也就是说，它应该同人民的意志一起产生并由人民的意志所创立。”[④] 只有能反映人民意志的法律才会经受住时间的考验，并发挥其维护社会稳定发展的作用，从而实现实质正义；否则，就是对正义理想的背离，必将被人民所废除。制度的实质正义和形式正义是相辅相成的辩证统一。一方面，实质正义对形式正义有决定作用；另一方面，没有形式正义的保障，实质正义也就无从体现。社会主义制度建立之后，

① 《马克思恩格斯全集》第 1 卷，人民出版社，1995，第 347 页。
② 《马克思恩格斯选集》第 3 卷，人民出版社，1995，第 491 页。
③ 《马克思恩格斯全集》第 20 卷，人民出版社，1971，第 293 页。
④ 《马克思恩格斯全集》第 1 卷，人民出版社，1956，第 184 页。

国家已经有了实质正义的存在，这时以体现和保障实质正义的形式正义就显得更为重要，要在制度的完善和发展过程中实现实质正义与形式正义的有机统一。

（四）公平正义是社会主义制度的本质要求

马克思主义起源于对资本主义社会不公正的批判，马克思描绘的人类理想社会就是消灭阶级、没有剥削，实现公平正义的共产主义社会。马克思主义的经典著作《资本论》，就是一部揭露资本主义社会不公正、不平等的宣言书。《共产党宣言》指出："每一个人的自由发展是一切人自由发展的条件。"个人自由发展的前提，是人人都有公平的机会，每个人的权利都能得到保护，这只有在一个公平正义的社会条件下才能实现。因此，马克思主义从一诞生就是倡导公平正义的学说。公平正义是马克思主义的命脉，继承和发展马克思主义，首先应牢牢把握公平正义这个真谛。

实现和维护社会公平正义是社会主义制度内在的本质要求和价值目标。胡锦涛认为："公平正义就是社会各方面的利益关系得到妥善协调，人民内部矛盾和其他社会矛盾得到正确处理，社会公平和正义得到切实维护和实现。"[①] 这是对社会主义公平正义内涵的科学阐述。中国特色社会主义制度，是科学社会主义在当代中国的发展。中国特色社会主义制度，始终以维护和促进社会公平正义、实现共同富裕、让人民群众共享改革发展成果为价值取向。这一制度有利于维护和促进社会公平正义、实现全体人民共同富裕。为了维护和促进社会公平正义和实现共同富裕，中国特色社会主义制度在强调多种所有制经济共同发展的同时，始终坚持公有制为主体，毫不动摇地巩固和发展公有制经济，为实现共同富裕奠定坚实的经济基础；在强调多种分配方式并存的同时，坚持按劳分配为主体，坚持在初次分配和再分配上都处理好效率和公平的关系，再分配更加注重公平；在强调一部分地区率先发展的同时，坚持地区之间、城乡之间协调发展，努力缩小地区之间、城乡之间的发展差距，推动东、中、西部地区协调发展；在强调一部分人先富起来的同时，坚持健全和完善社会保障体系，采取各种举措提高低收入者收入，不断缩小贫富差距。中国特色社会主义制度通过各种制度安排，保障人民共享改革发展成果。

---

① 胡锦涛：《在省部级主要领导干部提高构建社会主义和谐社会能力专题研讨班上的讲话》，《人民日报》2005年6月27日。

社会主义实现社会公平正义，有一个发展过程，也需要多方面的条件。但是，实现社会公平正义，从根本上要靠制度来保障。社会主义制度是一个不断自我完善和发展的制度体系。社会主义把促进社会公平正义作为制度安排的出发点和落脚点，是对马克思主义的继承和发展。正如习近平所指出的："不论处在什么发展水平上，制度都是社会公平正义的重要保证。我们要通过创新制度安排，努力克服人为因素造成的有违公平正义的现象，保证人民平等参与、平等发展权利。要把促进社会公平正义、增进人民福祉作为一面镜子，审视我们各方面体制机制和政策规定，哪里有不符合促进社会公平正义的问题，哪里就需要改革；哪个领域哪个环节问题突出，哪个领域哪个环节就是改革的重点。对由于制度安排不健全造成的有违公平正义的问题要抓紧解决，使我们的制度安排更好体现社会主义公平正义原则，更加有利于实现好、维护好、发展好最广大人民根本利益。"① 因此，要在全体人民共同奋斗、经济社会发展的基础上，加紧建设对保障社会公平正义具有重大作用的制度，逐步建立以权利公平、机会公平、规则公平为主要内容的社会公平保障体系，努力营造公平的社会环境，保证人民平等参与、平等竞争、平等发展、平等享有的权利。这就要求：通过建立以权利公平、机会公平、规则公平为主要内容的社会公平制度保障体系，逐步实现全体公民在社会发展的各方面都享有平等的生存和发展权利；实现机会均等，在制度上为每一位社会成员提供创业发展、奉献社会、追求幸福、实现人生价值的同等机会；实现在法律、制度面前人人平等，让每一位社会成员平等地享有权利，平等地履行义务，平等地承担责任，平等地受到保护。为此，要加紧建设对保障社会公平正义具有重大作用的制度，进一步完善民主权利保障制度，从各层次各领域扩大公民有序政治参与，保证人民当家作主。坚持执法为民、公正司法，加快推进司法体制和工作机制改革，建设公正、高效、权威的社会主义司法制度，发挥司法维护公平正义的职能作用。加快建立覆盖全国城乡的基本公共服务制度体系，调整财政收支结构，把更多财政资金投向公共服务领域，投入教育、就业、医疗、社会保障、社会治安等领域，不断增强公共产品和公共服务供给能力，提高公共服务质量和水平，解决好人民最关心最直接最现实的利益问题，在学有所教、劳有所得、病有所医、老有所养、住有所居上持续取得新进展，使公共服务成果更好惠及广大人民群众。

---

① 习近平：《切实把思想统一到党的十八届三中全会精神上来》，《求是》2014 年第 1 期。

四、制度评价论

（一）制度评价的内涵及方式

从词义上讲，评价就是衡量、评定的意思，是对事物进行衡量、评定而做出的价值判断。评价活动的要素包括评价主体、评价客体（对象）、评价标准、评价方法。从一般意义上说，评价就是评价者根据一定的评价标准，对评价对象的各个方面进行量化和非量化的测量过程，最终得出一个可靠的并且符合逻辑的结论。

制度作为一种在社会发展与人的发展中起着重要作用的社会存在，也有一个被评价的问题。对制度评价的内容主要是评价制度的合理性、制度的合法性和制度的现实性。一是制度合理性，主要是指制度的内容要符合制度的内在规律和历史发展规律。这主要包括：制度是否体现社会前进的方向，是否具有逻辑的一致性；制度的本性与目的，是否推进了社会生产力的发展，在完成其目标上是否有效率；等等。归根到底就是制度是否能完成其保证社会发展、保证社会与人协调发展、最终实现人的自由而全面的发展。如果制度出现僵滞，制度就背离了其合理性，将导致社会的停滞与人的被压抑。二是制度合法性，主要是指制度在社会层面存在的法理与价值基础。制度合理性关注的是制度系统的历史必然性及其有效运行，制度合法性关心的是选择某一制度的理由是什么。由于制度是非中性的，不同制度主体在制度环境中所处的地位不同，同一制度所带来的效益在不同制度主体中是截然不同的，甚至是对立的。因此制度合法性实质上是制度的价值选择与目标定位。三是制度现实性，主要是制度的可实现性，制度是否切合实际。一种制度即使在理论上很完善，甚至很完美，但如果不符合实际，或者说在实践中做不到，那么它就是制度乌托邦，就不具备现实性。当然，制度的“现实性”与制度的“现实存在”是两个概念，不能用制度的“现实性”为现存不合理制度进行辩护。

对制度的评价，依评价的视角不同，大体可分为两种评价方式：一是微观的对制度的具体评价；二是对制度的宏观的社会历史评价。对制度的微观的具体评价，是对某一具体制度的评价或评估，即对某一具体制度的合理性、合法性、现实性等方面进行评价或评估。具体来说，这类制度评价就是相关评价主体依据一定的评价标准，采用特定的方法，对相关制度进行价值和事实研究，以获取制度运行的相关情况，从而为制度的实施、执行、完善、发展、终结提供相关确实可靠的信息并做出相关结论。对制度的宏观的社会历史评价，就是运用历史唯物主义的基本原理和观点，从哲学的高度对制度的社会历史作用进行评价，对制度的历史合理性、进步性做出评判。本课题不涉及对某一制度的具体的评价或评估，而是从哲学的视角研究制度的宏观的社会历史评价，主要是从制度的生产力标准评价、制度的社会正义评价、制度对人的自由全面发展评价三个方面进行探讨。

（二）制度评价的生产力标准

制度是建立在一定生产方式基础之上的，是一定阶段社会关系的产物。任何制度的产生和确立都有其生产力基础。正如马克思所说：“手推磨产生的是封建主为首的社会，蒸汽磨产生的是工业资本家为首的社会。”[①] 但是，生产力发展必须在制度规范的一定的社会关系下进行，制度本身的功能就在于维护社会秩序，为生产力发展提供保证。制度对生产力发展的作用有两种情况，一是促进生产力发展，二是阻碍生产力发展。历史唯物主义认为，生产力是人类社会发展的最终决定力量。生产力标准是社会进步的最高标准。衡量社会是否获得进步，关键看生产力的发展状况。制度进步与否最终体现在能否推动生产力发展上。凡是能够促进生产力发展的制度就是具有历史合理性的制度，反之，就是不合理的制度。因此，生产力发展是评价制度的客观尺度。制度是否科学有效，归根到底要看是否能够促进生产力的发展。当然制度本身不能直接对生产力发生作用，它要通过人的社会活动，特别是物质生产劳动发挥作用。制度对生产力发展的作用在于，制度是否适应社会生产力的发展状况，制度、体制、机制是否有利于各生产力要素的科学而富有效率的配置，是否能为各生产力要

---

① 《马克思恩格斯选集》第1卷，人民出版社，1995，第142页。

素充分发挥作用和持续发展创造有利条件和社会环境。这些都是制度评价生产力标准的主要内容。

马克思主义在考察人类社会历史发展时，始终坚持生产力标准。因为物质生产是人类社会存在和发展的基础，离开了生产力的发展，整个人类文明大厦就会失去基础而倒塌。正如马克思和恩格斯所指出的："在极端贫困的情况下，就必须重新开始争取必需品的斗争，也就是说，全部陈腐的东西又要死灰复燃。"① 在人类的历史发展过程中，对制度评价的生产力标准与其他标准（如道德标准）是会发生矛盾的，其评价结论也往往相左。在这种情况下，生产力标准无疑是最高和最终的标准。在人类历史发展过程中，奴隶制代替原始公有制，封建制度代替奴隶制度，资本主义制度代替封建制度，都是生产力发展的必然结果，但是这种发展是通过非人道的方式实现的。正如恩格斯所说的："最卑下的利益——庸俗的贪欲、粗暴的情欲、卑下的物欲、对公共财产的自私自利的掠夺——揭开了新的、文明的阶级社会；最卑鄙的手段——偷窃、暴力、欺诈、背信——毁坏了古老的没有阶级的氏族制度，把它引向崩溃。"② 资本主义经济的历史发展同样是以社会的片面发展为代价。因此，马克思既极其尖锐地揭露和批判了资本主义的丑恶，同时又充分肯定了资本主义对生产力发展的巨大功绩。这就是马克思主义不同于空想社会主义之处。空想社会主义者从历史唯心主义出发，把抽象的理性和永恒正义作为评价历史的标准，以此评判经济社会发展的必然性和合理性。马克思主义者则从历史唯物主义出发，认为生产力的发展是社会进步的最高标准，对经济社会发展的评价必须服从这一最高标准。因此，在人类总的历史发展过程中，只有坚持生产力标准才能正确理解对制度的评价。正因为马克思主义坚持以生产力标准评价社会制度，所以充分肯定了奴隶社会代替原始社会、封建社会代替奴隶社会、资本主义社会代替封建社会的必然性和合理性。同样，社会主义制度对资本主义制度的优越性，最终也体现在社会主义能够不断解放和发展生产力，创造出比资本主义更高的劳动生产率。

对制度评价的生产力标准不能做简单化理解。首先，生产力标准不是评价制度的唯一的标准。虽然制度评价的生产力标准对社会各个层面、各个领域的

---

① 《马克思恩格斯选集》第1卷，人民出版社，1972，第39页。

② 《马克思恩格斯选集》第4卷，人民出版社，1972，第94页。

制度评价具有最终意义，但对各个层面和领域制度的评价还有其他的标准。也就是说，生产力标准的最高地位是相对于其他标准而言的，是从归根到底的意义上讲的，不能以生产力标准排斥或代替其他标准。在人类社会发展的历史上，有时会出现这样一种情况，在一种极端野蛮残暴的制度下生产力仍有一定程度的发展，甚至是高速发展，但不能以此就认为该制度是进步的。因为对制度的评价除了生产力标准以外，还有社会正义标准和人的全面发展标准。只有把生产力标准和其他标准结合起来，才能对制度做出科学的评价。在经济领域内，并不是任何一项改革的成果都必须在近期内就在促进生产力的发展方面显现出来。如对管理制度、劳动组合方式的改革就是通过激发人的劳动积极性、创造性表现出对生产力发展的作用的。就改革成果显现的时间长短而言，从构想、设计、实施到成果的显现，需要经过若干环节、一定时期，它对生产力发展的促进作用也许要很长的时间才能显现出来。其次，对生产力标准本身的理解和把握不能简单化。不能把生产力尺度理解为单纯追求利润和经济效益、单纯追求物质财富的增加，而忽视了生产的社会效益，忽视了人们的生活质量的提高。生产力包括三个基本要素：劳动资料、劳动对象和劳动者。生产力的提高意味着生产力三要素的提高，如劳动工具的改进、劳动对象范围的扩大和层次的提高、劳动者能力的提高。所以，生产力标准应该主要从三要素做全面的衡量。

（三）制度评价的社会正义标准

公平正义是人们主观对客观事实和现象的一种反映、认定和评判，是伦理范畴、法权范畴。公平正义作为一种社会理想和原则，反映了人们对现实的社会权利关系的道义追求。公平正义是衡量一个国家或社会文明发展的标准，也是对制度伦理价值评价的重要标准。罗尔斯认为，正义即公平，每个人都平等地拥有最广泛的基本自由权，对经济和社会的安排应使之合理地符合每一个人的利益。他说："正义是制度的首要价值，正像真理是思想体系的首要价值一样……某些法律和制度，不管它们如何有效率和有条理，只要它们不正义，就必须加以改造和废除。"[①] 马克思主义在揭示人类社会发展规律的基础上阐明其科学的公平正义观。这一科学的公平正义观秉承了人类关于社会公平的理想，深刻批判了资本主义制度的不合理性，指出只有以社会主义代替资本主义，才

---

① ［美］罗尔斯：《正义论》，何怀宏等译，中国社会科学出版社，1988，第3页。

能建立公平正义的制度。公平正义是社会主义制度的本质要求，随着社会主义的发展，将不断推进社会公平正义。

所谓公平，是指按照一定的社会标准（法律、道德、政策等）、正当的秩序合理地对待人和事，是制度安排的重要价值原则。社会公平包含公民参与经济、政治和社会其他生活的机会公平、过程公平和结果分配公平。正义则是公正的义理，包括社会正义、政治正义和法律正义等。公平正义是每一个现代社会孜孜以求的理想和目标。作为建构社会基本秩序和规范社会公共行为的制度体系，社会制度所应追求的首先是制度安排本身的公平正义。制度是社会关系的具体表现形式和社会问题的解决方式，也是一种社会利益分配方式和个人权利表达方式。社会价值取向有两种，一是社会价值目的论，这是功利主义肯定的价值取向。它强调效率的优先性和根本性。二是社会正义原则，这是制度的价值目标所在。如果制度在规则、程序及价值目标指向方面不是确立和保障社会正义，必然隐含着巨大的社会矛盾，甚至引起社会冲突、社会失序。因此，能否实现社会公平正义是评判制度的重要标准。

公平正义作为一种社会理想和原则，反映了人们对现实的社会权利关系的道义追求。它是围绕尊重和实现每个人的生存和发展权利而形成的一个多维的社会范畴，主要包括权利公平、机会公平、规则公平和分配公平。权利公平是社会公平正义的核心。社会关系说到底是人们之间的权利关系。所以，社会公平必须围绕人的权利来展开，它涉及每个公民生存和发展的各项权利。权利公平意味着社会成员在制度上平等地享有各项公民权利，切实尊重和保障每个人的政治、经济、文化、社会以及生态权益。机会公平是指社会在制度上为每一个社会成员提供均等的生存、发展机会。机会公平是实现权利公平的前提。因为机会公平虽然不一定必然导致结果公平，但没有机会公平就必定没有结果公平。规则公平与过程公平密切相关，指社会运行的各项规则具有合理性和统一性。它要求社会主体所面对的行为规范和行动准则如法律法规、规章制度等，符合经济社会发展规律，体现人民群众的愿望和要求，并且每个人都受着同样的行为规范的约束。规则公平是社会公平正义的制度保障。分配公平是社会公平正义的理想目标。分配公平是指每个劳动者都有获得正当利益和社会保障的权利，不因素质、知识、能力、性别等的差异而使其政治地位、经济地位、生活享受等方面产生巨大的或本质上的差异。分配公平体现着社会财富分配的合理性和平等性，是人们评判社会公平及公平程度的直接和主要依据，是社会公平的实际体现和最终归宿。公平分配的尺度在制度上必须是平等的、合理的。社会成员中的弱势群体应在分配制度上得到特殊照顾，这也是公平的、合理的。以上是作为制度评价的社会正义标准的主要方面。

公平正义是人们主观对客观事实和现象的一种反映、认定和评判，是伦理范畴、法权范畴。自古以来，尽管公平正义是人类社会孜孜以求的美好理念，但人类社会却从来没有一个亘古不变的公平正义尺度，它是随着历史发展而发展的，是一个发展着的历史范畴。公平正义不是恒定不变的标尺，也没有恒定不变的公平正义标尺。不同的历史时期、不同的发展阶段，有着不同的公平正义尺度、不同的公平正义内涵。作为上层建筑意识形态领域的公平正义范畴即公平正义观，是被生产力发展状况和与之相适应的生产关系所决定、所选择的。对制度的社会正义评价必须置于一定的历史条件和历史环境之中，必须以历史给定的具体内涵作为制度社会正义评价的标尺。公平不仅是历史的范畴，而且是具体的范畴，在经济、政治、社会领域，公平的具体含义也不尽相同。所以，必须把公平置于具体的领域，针对具体的问题，进行具体的分析和阐述，不能不分情况、不加区别地简单套用。这是制度的社会正义评价标准的历史性、具体性、相对性，绝不能把它抽象化、绝对化、理想化。

公平正义作为历史范畴、具体范畴、相对范畴，它具有相对性，也就是说绝对公平正义是从来没有也不可能有的，绝对公平正义只存在于观念和幻想之中。在辩证法看来，公平本身就包含着差异和差别。这表现在两方面：一是从横向来说，尽管我们的思想观念、政策法规明确了公平的具体含义、公平的原则和评价尺度，但面对的现实世界却是千差万别的，尽管我们强调权利公平、规则公平、机会公平、分配公平，但由于情况的错综复杂，在实际中只能求得大致公平、相对公平。因为我们所处的经济文化环境不同、社会条件不同、个人禀赋和家庭状况不同，所以并不是处在同一个起跑线上，纯粹的起点平等是做不到的，也是不存在的，竞争的最后结果也就不可能完全的公平。二是从纵向来说，公平的实现也不是瞬息之间、一蹴而就的，是要受到社会、经济、政治、文化发展制约的，是一个逐步发展的历史过程。历史只能提出和解决它能够解决的问题，社会、经济、政治、文化的发展程度如何，公平问题解决和实现的程度也就如何，这不取决于人们的意志和善良意愿。

（四）制度评价的人自由全面发展的标准

人的存在和人的本质在其现实性上，要通过也必须通过人的发展表现出来。既然制度安排与人的存在和人的本质紧密相关，是人的本质的社会性和观念性存在，那么，它对人的发展必然产生重要的影响。考查制度与人的本质和发展的内在关联，其目的就在于，如何建构合乎人的本质和有利于人的发展的制度安排。这主要包括两个方面：一是制度在什么意义上成为人的发展的积极因素；二是以人的发展为尺度，对制度做出适当的评价。

对制度的评价之所以要有一个人的发展的尺度，是由制度安排的价值坐标决定的。制度安排的价值是相对于社会或人的意义而言的，离开人及人的发展，制度安排并无价值的对应性，也无价值实现的载体。从制度设计到制度变迁，其出发点和目的都是围绕人和人的发展这条主线的。如果以是否有利于人的发展为标准，一定历史阶段的制度安排在性质上，存在着正义与非正义、先进与落后之分。

把生产力和社会正义看作评判制度的根本标准和直接标准，实际上生产力标准和社会正义标准也有一个价值评判问题。人是制度安排的主体，也是制度规范的客体。在马克思主义看来，制度的根本旨归是人的自由全面发展，这是制度评价的终极性价值标准。马克思就把共产主义看作是“以每个人的全面而自由的发展为基本原则的社会形式”[①]。马克思主义认为，人的自由全面发展表现为人的需要满足和利益追求；人的社会交往关系的丰富和能力的提高；自由个性的实现。人的发展要处理好三个关系：人与自然的关系、个人与社会的关系、人与自身的关系。制度安排的直接指向个人与社会关系问题。制度设计、构建和实践的初始原因是规范人的行为，控制人的活动边界，由此调整社会关系、维护社会秩序、促进社会公正。这将有利于调动人的生产劳动的积极性，提高人们解决人与自然关系的能力，促进生产力的发展，以公正的方式满足每个人的不同需要和利益追求。而其根本旨归是解决人与自身的关系，促进人的自由全面发展。制度在限制人的某种消极行为的同时，它也倡导另一种价值取向，也在鼓励人的另一种积极行为。制度安排应致力于制度设计和制度实践能够充分发掘人的潜能，发挥人的积极性和创造性，生产更丰富的社会成果满足

① 马克思：《资本论》第1卷，人民出版社，1975，第649页。

人不断增长的需要。制度安排的最终目的不是约束人，而是满足人的需要和利益追求。它是为人而存在的，有利于人的生存和发展才具有现实价值和意义。所以制度建设的评价标准必须是能够促进满足人的需要和利益追求，不断提升人的需要层次，促进人的自由全面发展。

生产力标准、社会公正标准和人的自由全面发展标准在根本上是一致的。生产力标准是历史性尺度，社会公正标准是工具性尺度，人的发展标准是价值性尺度。生产力的发展居于决定性地位，它决定制度的模式和方式，也决定人的发展程度；而实现社会公正和人的发展又会极大地促进生产力的发展。这三者是互为条件、互为影响的：社会公正是生产力发展的制度环境因素，人的需要的满足及人的发展程度为生产力发展提供最根本动力，而社会公正的实现则是生产力发展和每个人的自由全面发展的保障。但生产力标准和人的发展标准在具体的历史发展中并不总是一致的，甚至在有些具体情况下是冲突的。在一定历史阶段或一定历史条件下，对某一制度设计和实践，以生产力标准和以社会公正标准、人的发展标准进行判断，可能得出不同的结论。也就是说，有时候从历史尺度评价制度是符合社会进步趋势的，但从工具尺度和价值尺度评价又是不合理的。这两种评价结果相互矛盾的根源在于生产力，也就是在生产力有了一定发展，但又发展不足的情况下导致的，二者趋于一致的根本解决办法是生产力的充分发展。在阶级社会中，社会生产力的发展是以人的片面发展为前提的。但是只有经过这样一个阶段，才能为未来社会的人类的全面发展创造必要的物质基础。正因为这样，马克思主义充分肯定了奴隶社会代替原始社会、封建社会代替奴隶社会、资本主义社会代替封建社会的必然性和合理性。在历史上，封建制度对人的发展的束缚是明显的，但相对于奴隶制度下的人身依附，无疑给人提供了较多的自由空间。资本主义私有制在带来人和人的发展异化的同时，对人的个性一定程度的丰富和发展以及对人的解放所产生的意义，同样不可否定。注重人的自由全面的发展，是社会主义制度的本质与运行机制决定的一个根本性的战略目标。在社会主义根本政治制度和基本经济制度下，社会物质生产和精神生产，都是为了满足社会成员日益增长的物质文化需要，而且保证社会全体成员充分的福利和自由的全面发展。“每个人的自由发展是一切人的自由发展的条件”成为社会主义制度安排的必然诉求。社会主义社会的制度安排，应当为人的全面发展提供最为充分的条件。但是，在社会主义初级阶段由于受经济文化发展状况的制约，同时由于社会主义各项制度的健全和完善需要一个过程，因此在制度安排与人的全面发展方面仍然存在既相适应又不相适应的矛盾。这就需要促进经济社会的科学发展，同时通过改革完善社会主义各项制度、体制和机制，才能不断为人的全面发展创造条件。由此可见，以人的发展为尺度，对制度的评价应当是具体的历史的。

五、制度创新论

如前所述，制度不是自然的产物，它形成的基础是人们生产和生活的丰富实践。马克思指出，“在生产、交换和消费发展的一定阶段上，就会有一定的社会制度”①。恩格斯也认为：“生产以及随生产而来的产品交换是一切社会制度的基础。”② 实践是主观见之于客观的活动。实践基础上的制度创新，既有客观历史条件和现实必然性，同时也是社会主体能动创造的产物。

（一）制度创新及意义

1. 制度经济学的制度创新理论

“创新”的概念和创新理论是由熊彼特在 1912 年出版的《经济发展理论》一书中首次提出和阐述的，美国经济学家戴维斯和诺斯在 1971 年出版的《制度变革和美国经济增长》一书中，继承并创造了制度创新理论。所以，制度创新理论是制度经济学与熊彼特创新理论两个学术流派的融合，是熊彼特“创新理论”发展的一个分支，是以制度变革和制度形成为研究对象的一种西方经济学理论。主要代表人物是兰斯·戴维斯和道格拉斯·诺斯。

制度创新理论所说的“制度”，既包括所有制、分配制度、劳动组织，又包括市场管理形式、税收制度和信用机构。制度创新的主要含义，是指能够使创新者获得追加利益的现存制度的变革。对制度创新的概念及内容的完整表述是

① 《马克思恩格斯选集》第 4 卷，人民出版社，1972，第 321 页。
② 《马克思恩格斯选集》第 3 卷，人民出版社，1972，第 307 页。

由诺斯和戴维斯提出的，但他们并没有刻意去区分制度创新和制度变迁，更多的是把制度创新看作是一种制度安排的改变，目的在于追求更大的利润。他们认为，制度创新指的是能够使创新者获得追加或额外利益的，对现存制度（指具体的政治经济制度，如金融组织、银行制度、公司制度，工会制度、税收制度、教育制度等）的变革。促成制度创新的因素有三种：市场规模的变化，生产技术的发展，以及由此引起的一定社会集团或个人对自己收入预期的变化。制度创新的产生，主要取决于制度状况如何，一旦外界存在能够给创新者带来“潜在利润”的情况，制度创新就会出现。

制度经济学认为，制度创新基本上可分为两种类型：一种是诱致性制度变迁，另一种是强制性制度变迁。诱致性制度变迁指的是现行制度安排的变更或替代，或者是新制度安排的创造，它由个人或一群人，在响应获利机会时自发倡导、组织和实行。发生诱致性制度变迁，必须要有某些来自制度不均衡的获利机会。也就是说，由于某种原因，现行制度安排不再是这个制度安排选择集合中最有效的一个了。从某个起始均衡点开始，有四种原因能引起制度不均衡：一是制度选择集合改变；二是技术改变；三是制度服务的需求改变；四是其他制度安排改变。这些因素引发的制度不均衡将产生获利机会，为了得到由获利机会带来的好处，新的制度安排将被创造出来（当然，这种创新是否发生，首先取决于个别创新者的预期收益和费用）。因为制度结构由一个个制度安排构成，所以一个特定的制度安排不均衡就意味着整个制度结构不均衡。许多制度安排是紧密相关的，一个特定制度安排的变迁，也将因此引起其他相关制度安排不均衡。因此，当发生不均衡时，制度变迁过程最大可能是从一个制度安排开始，并只能是渐渐地传到其他制度安排上去。制度变迁过程中，大多数制度安排都可以从以前的制度结构中继承下来。虽然某个制度结构中的基本特性，在个别制度安排变迁累积到一个临界点时会发生变化，但制度变迁的过程仍类似于一种进化的过程。强制性制度变迁由政府命令和法律引入和实行。国家是一种在某个给定地区内对合法使用强制性手段具有垄断权的制度安排。国家的基本功能是提供法律和秩序，并保护产权以换取税收。由于在使用强制力时有很大的规模经济，所以国家属于自然垄断的范畴。作为垄断者，国家可以比竞争性组织以低得多的费用提供制度性服务。诱致性制度变迁必须由某种在原有制度安排下无法得到的获利机会引起。然而，强制性制度变迁可以纯粹因在不同选民集团之间对现有收入进行再分配而发生。而且国家有能力去设计和强制推行由诱致性制度变迁过程所不能提供的、适当的制度安排。诱致性制度创新具有自发性、局部性、不规范性，制度化水平不高。强制性制度创新的主体是政府，而不是个人或团体，政府进行制度创新不是简单地由获利机会促使的，这类制度创新通过政府的强制力短期内快速完成，可以降低创新的成本，具有强制性、规范性以及制度化水平高的特点。总之，新制度经济学家研究制度变迁和制度创新是为了改善经济绩效，相对节约交易成本，即降低制度成本，提高制度效益。所以，制度经济学的制度创新理论目的在于“建立一种能使我们对生产的制度结构之决定性因素进行分析的理论”①。

2. 制度创新的含义

创新是一个民族进步的灵魂，是一个国家兴旺发达的不竭动力。创新是指人们为了发展的需要，利用现有的知识和物质条件，在特定的环境中，不断突破常规，通过改进或创造等方式，发现或产生某种新颖、独特的有价值的新事物、新思想的活动。具体来说，创新是指人为了一定的目的，遵循事物发展的规律，在现有条件下创造出崭新的事物，或者对现存事物的整体或其中的某些部分进行变革，从而使其得以更新与发展的活动。创新的本质是突破，是人们在认识世界和改造世界的过程中对原有理论、观点的突破和对过去实践的超越。从哲学上讲，创新是人们按照事物的发展规律，发挥主观能动性，促使事物发生质变（包括部分质变和整体质变），是新质代替旧质；是旧事物的扬弃，新事物的产生，是肯定和否定的统一。

创新包括制度创新。新制度经济学家所研究的制度创新是经济制度创新，本文所说的制度创新则是指一般意义的制度创新。制度是实现某种功能和特定目标的社会组织乃至整个社会的一系列规范体系。所谓制度创新是指在人们现有的生产和生活环境条件下，通过创设新的，更能有效激励与约束人们行为的制度、规范体系来实现社会的持续发展和变革的创新。制度创新是社会规范体系新的选择、创建和优化的通称，包括制度的调整、完善、改革和更替等。在唯物史观看来，制度创新的过程是一个通过社会变革以重新安排社会资源，调整社会生产，塑造社会价值的过程，其实质是生产关系不断调适和构建以适应生产力发展需要的过程，是上层建筑不断调适和改革以适应经济基础的过程。

① 科斯、诺思、威廉姆森等：《制度、契约与组织——从新制度经济学角度的透视》，刘刚、冯健、杨其静、胡琴等译，经济科学出版社，2003。

制度创新的核心内容是社会政治、经济和管理等制度的革新，是支配人们行为和相互关系的规则的变更，是组织与其外部环境相互关系的变更，以维护社会的合理秩序，增强社会活力，激发人们的创造性和积极性，促进经济社会持续发展，最终推动社会的进步。

3. 制度创新的意义

创新包括实践创新、理论创新、科技创新、制度创新等各个方面的创新，它涵盖和体现在经济建设、政治建设、文化建设、社会建设、生态文明建设等各个领域。所有创新都是在一定的制度环境下进行的，制度创新是其他一切创新的基础和保证。而不同的制度选择和安排对于社会活动和生活的各个领域都具有重要的制约和推动作用，因此制度创新对经济社会发展具有重要意义。

（1）制度创新与社会发展。

制度创新是人类的不懈追求，是社会发展的重要推动力，也是社会进步的一个基本标记。从一定意义上说，人类历史本身就是一部制度创新的历史，也是一部通过新旧制度更迭和演化而推动人类制度文明不断进步的历史。在相当长的历史时期内，人们之间的社会关系、社会行为并不是主要受明晰规定的制度来约束和指导的，这时候的人群关系主要是以血缘、地缘、种族、信仰、身份来确立并维持的，人们的行为也主要受人们认可的伦理规范、道德观念、风俗习惯的指导。随着社会的发展变化，无论是人群关系还是人们有意识的社会行为，开始越来越受到一定组织以一定程序明确设立的制度的更大影响。正式制度开始成为影响社会发展的一种主导力量。随着更多的正式制度的建立，社会有了更加合理的分工合作机制，群体活动有了更高的效率，社会资源得到了更有效率的整合，社会目标的实现也有了更加坚实的保证。可以说，制度创新是现代社会快速发展的基本原因之一，是推动社会进步的重要动力。在现代社会，人类进入到“制度化”发展阶段，制度创新频率空前提高，社会不仅在越来越多的领域设置了明确的制度，而且凭借这种制度创新，制度文明被推进到一个全新的发展阶段。在中国，20世纪上半叶开始的社会革命在政治领域实现了具有历史意义的制度创新，中共十一届三中全会之后的改革开放则在社会的各个领域实现了全面的制度创新。我国改革开放之路，实质上是一个制度变迁和制度创新的过程。在制度创新的推动之下，我国社会生活的各个领域都取得了举世瞩目的巨大成就。这充分说明制度创新对经济社会发展的重要作用。

当今人类社会进入了一个全新的历史发展阶段，在信息时代和全球化时代，我们将会遇到一系列前所未有的新问题。面对新的挑战，世界各国都需要进行制度创新，建立一系列适应并促进新时代发展的新制度。同时，基于全球化发展的需要以及世界各国不断加强的政治、经济、科技合作的需要，国际社会需要建立一种新的合作机制，建立一系列新的国际准则，以便协调各国之间的关系，实现国际社会在各个领域的有序合作，促进国际社会的共同发展。换言之，各国将进入一个制度创新的竞争与合作时代，制度作为实现现代社会生活规范化、协同化、高效化的基本手段，将成为一个比具体的实力竞争更基本、更深层的竞争领域。制度创新将成为一个国际性的课题，任何国家都不可能置身事外。

（2）制度创新与人的发展。

从一定意义上说，人类的历史就是不断变革旧的制度、建立新制度，从而不断获得自身解放和发展的历史。人的发展是制度创新的价值依归。消除阻碍人的发展的体制性障碍，必须进行制度创新。从哲学的角度来看，制度无非就是规范化、固定化的社会关系。人追求正义就是要按照正义的标准去改造社会制度和社会关系，从而为自身的发展创造条件。因此，人们追求正义、创新制度都是为了实现人的自由全面发展。人创造正义制度的过程就是通过完善社会制度借以完善自身的过程。

人的自由全面发展建立在社会关系的全面生成与高度发展的基础之上。“个人的全面性不是想象的或设想的全面性，而是他的现实关系和观念关系的全面性。”[①] 因而马克思主义把个人的发展与社会的发展、与社会关系和社会制度的改造结合起来，使之获得更现实的内容和更可行的途径。因此，人的发展问题应从社会关系及作为其固化形态的社会制度中找到合理的解释与正当解决。在现实社会中，由于制度具有强制性、客观性、普遍性和稳定性等特点，成为社会关系影响个体活动的直接中介，或者说人是按照制度的具体要求进行活动的，有什么样的制度便会塑造什么样的人。正如罗尔斯所言：“社会的制度形式影响着社会成员，并在很大程度上决定着他们想要成为的那种个人，以及他们所是的那种个人。”[②] 但这绝不是说人完全受制于社会，恰恰相反，人能在一定的程度上运用自己的主体性尺度去创新社会关系和社会制度，使之更符合正义和人

---

① 《马克思恩格斯全集》第46卷下，人民出版社，1980，第36页。

② ［美］约翰·罗尔斯：《政治自由主义》，万俊人译，译林出版社，2000，第285页。

性的要求。对于那些不合人性的社会关系与社会制度，人总是力图改变它、革新它，将自己从中解放出来并得到健全发展。制度的改革与创新的标准和目的，归根结底要以人为标准和目的。从哲学的角度去看待制度创新和正义问题，人所追求的正义就不仅仅是对某种社会关系的肯定与否定，也不仅仅是把人控制在一定范围内的行为规范，而是为了使每个人都能获得发挥创造性的机会，促进人的自由全面发展和人类的进步。

人的发展与解放的状况和程度，总是决定于生产力和社会关系的状况和程度，生产力和社会关系不过是人的自主活动的方式与人的发展的不同方面。制度背景下生产力的大变革和社会关系大调整，往往成为人的主体性、独立性、全面性得到完善和提升的强大动力。自近代以来，人的现代化与制度的变革总是相互依存的，制度的变革为生产力发展潜力的巨大释放提供了制度保障，生产力和生产方式的进步为人的现代化创造了物质条件，而人的现代化不仅为物质生产和生产方式的变革提供了内生性动力，同时为制度的进一步创新奠定了充分的人文资源和人力资源基石。

（二）制度创新与制度变迁

1. 制度创新和制度变迁的区别与联系

新制度经济学家并没有严格区分制度创新和制度变迁，实际上制度变迁是制度变化发展的历史过程，而制度创新则是一种新制度代替旧制度的结果。因而制度创新与制度变迁二者是紧密联系又有区别的。从哲学上看，制度变迁是制度的一般变更，既可以表现为量变又可以表现为质变；既可以由进步制度代替落后制度，又可以由落后制度代替进步制度。而制度创新则是一个带有正向量的制度变化，特指向上的、进步的制度变更，是进步制度代替落后制度，是制度的质的飞跃。当制度的变迁是正向量的由进步制度代替落后制度时，制度变迁就是制度创新。从制度创新与制度变迁运动变化的特点来看，制度创新是制度规则改变、重新组合以及新规则的产生和旧规则的消亡过程，它考察的是规则的具体变化情况，是一个短期的过程；制度变迁是制度的替代、转换与演化的过程，它考察的是制度的变化过程和结果，是一个长期的过程。制度变迁包含有制度跃迁的意义。这样，制度创新就是制度跃迁的一种力量，这种创新经过选择和扩散、演化，就可能实现制度的变迁。因此二者的联系在于，制度创新是制度变迁的方式和手段，制度变迁是制度创新的结果。

2. 制度的演化是稳定性与变动性的统一

任何事物的存在既是稳定的又是变动的。同样，制度也具有稳定性和变动性。制度变迁是其稳定性与变动性矛盾运动的结果，是稳定性与变动性相统一的体现。制度变迁包含制度创新。制度创新虽然主要体现的是制度的变动，但制度创新是肯定与否定的统一，因而它也是稳定性与变动性矛盾运动的结果。制度可以视为一种公共产品，它是由社会各种主体生产出来的，这就是制度的供给。由于人们的有限理性和资源的稀缺性，制度的供给是有限的、稀缺的。随着外界环境的变化或自身理性程度的提高，人们会不断提出对新的制度的需求，以实现预期增加的收益。当制度的供给和需求基本均衡时，制度是稳定的。反之，则称为制度非均衡，即当现存制度不能使人们的需求满足时，就会发生制度的变迁。从哲学上说，任何事物的存在形态都是相对静止与绝对运动的统一。在一定时期内，制度相对均衡是可能的，此时制度有一定的稳定性特征。制度并不是每时每刻都在变化过程中，因为随时变化的制度也许没有供给主体，更重要的在于没有需求主体，时刻变化的制度无法给社会主体提供稳定的预期激励和约束。但从较长的时期看，制度非均衡又是必然的。一项制度不可能适应所有的环境情况，即不存在任何环境条件下都适用的制度。社会经济环境变化了，社会主体就会产生对新制度、新规则的需求，此时，旧制度要么被抛弃，要么进行自我扬弃，要么就得补充新的内容，进行自我创新，以适应新环境。

从制度的功能来说，无论是限制还是满足，制度的功能总是在特定的社会情境的运行过程中体现的。因此，社会成员需要的变化与制度运行环境的变化都会促进制度的变迁。当制度的满足功能不如限制功能显著时，主体就会对制度不断进行反抗，制度的变迁过程就将开始。制度具有极大的惰性。正功能丧失殆尽的制度仍可能长久存在，并貌似为合理存在。换句话说，制度的功能丧失，并不等于制度的结构消散。旧制度对人的约束不会戛然而止，除非制度的功能替代物已长期存在并为社会成员广泛关注认可。而且，新制度的产生会遭到习惯势力与旧制度既得利益者的不断抵制，人们为了自己的需要和利益会做出不可思议的疯狂举止。毕竟，制度的变迁不仅意味着利益格局的调整，更意味着权力结构的变化。同时，某一制度的变化总是与其他相关制度的变迁相伴而行的。因此，新制度的产生、新旧制度的交替是一个充满矛盾的艰难历程。

3. 制度的自然演化与制度创新

马克思最先将“制度变迁”一词引入到政治经济学领域。依据马克思的观点，制度的演化只有依靠社会的积累，而且制度的改变是一个自然进化的过程。制度的演化不能依靠人类的知识与理性而人为地发明创造。因此，在历史上制度变迁是一个自然变迁的过程。恩格斯认为："一切社会变迁和政治变革的终极原因，不应当在人们的头脑中，在人们对永恒的真理和正义的日益增进的认识中去寻找，而应当在生产方式和交换方式的变更中去寻找；不应当在有关的时代的哲学中去寻找，而应当在有关的时代的经济学中去寻找。"① 这是制度变迁的最根本的原因，同时也决定了它是一个自然历史过程。

尽管制度演化从根本上讲是一个自然历史过程，与社会生产力的发展水平密切相关，但人为自主选择与设计在制度演化中的作用也不容忽视。主体变量的引入，势必对于制度演化的模式及其规律的实现产生影响。从抽象意义上说，制度演化的主体应该是人，但是人作为一个"类"的概念，这一主体是虚置的。在现实社会中总有也必然有各种各样的外化的主体形态，这些主体事实上在制度演化中发挥着不同的作用。根据在制度演化中发挥作用的不同和发挥作用形式的不同，制度主体大致可分为四种：民众、利益集团、政府、精英。制度演化模式是指制度在变迁过程中所采取的形式、速度、突破口、时间路径等的总和，社会主体在其中的作用是不可忽视的。制度变迁的实践表明，除了制度的自然演化，人们对制度的改良、革命、创新在历史上是直接推动制度变迁的主要方式。尽管制度的变迁受制于一个社会的利益集团之间的权力结构和社会历史文化因素的偏好结构，但是在现代社会发展中，制度创新越来越成为制度演化的主要模式。

（三）制度创新的机理

制度创新机理研究之所以必要，主要是因为通过研究制度创新的基础、条件、客观必然性与主观选择等问题，可以更好地把握制度创新发生的特点。

1. 制度创新的客观历史基础

制度选择和制度创新总是在某一具体的历史起点上进行，即在某一由前人已经创立而被后人作为历史遗产继承下来的初始条件开始的。马克思指出："人们自己创造自己的历史，但是他们并不是随心所欲地创造，并不是在他们自己

① 《马克思恩格斯选集》第3卷，人民出版社，1972，第307页。

选定的条件下创造，而是在直接碰到的、既定的、从过去承继下来的条件下创造。”[①] “人们不能自由选择自己的生产力——这是他们的全部历史的基础，因为任何生产力都是一种既得的力量，以往的活动的产物。所以生产力是人们的实践能力的结果，但是这种能力本身决定于人们所处的条件，决定于先前已经获得的生产力，决定于在他们以前已经存在、不是由他们创立而是由前一代人创立的社会形式。单是由于后来的每一代人所得到的生产力都是前一代人已经取得而被他们当做原料来为新生产服务这一事实，就形成人们的历史中的联系，就形成人类的历史，这个历史随着人们的生产力以及人们的社会关系的愈益发展而愈益成为人类的历史。”[②] 制度创新的历史前提和客观基础，是已经存在的社会经济、政治、文化等各个因素的状况以及这些因素的相互联系。历史是连续的，过去、现在和将来之间存在着不可分割的联系。任何制度的选择和创新都只能在以往人类活动的基础上，在既定的从历史承继下来的条件中进行，脱离历史，不可能理解现在和将来，不可能辨别制度选择和创新的正确方向，也不可能找到制度变革的动力、机制和可行的路径。这些条件包括既有的生产力及其社会形式。既有的生产力水平是制度创新的物质前提，它为制度创新提供了客观的可能条件和约束；既有的社会形式，决定着人们特有的相互关系、利益结构和行为规则。这种特殊的相互关系、利益结构、行为规则以及与之相适应的特定意识形态和社会心理，构成了制度选择和制度创新的社会前提和现实基础，对制度变革产生着持续的影响。

2. 制度创新的客观必然性与人的能动性创造

人们在既有的社会结构和行为规则中改变现存的社会结构和行为规则，这是社会制度变迁不同于自然界进化的根本特点。

恩格斯认为：“社会制度中的任何变化，所有制关系中的每一次变革，都是同旧的所有制关系不再相适应的新生产力发展的必然结果。”[③] 这是制度变化和创新的客观必然性。从根源上说，制度创新的动因是复杂多样的，但主要是社会变迁、制度缺陷和人的利益诉求三个方面。这里包含两方面的矛盾：一是社会发展与制度滞后的矛盾；二是社会利益关系改变所引起的人们利益诉求与制

① 《马克思恩格斯选集》第1卷，人民出版社，1995，第585页。

② 《马克思恩格斯选集》第4卷，人民出版社，1995，第532页。

③ 《马克思恩格斯选集》第1卷，人民出版社，1972，第218页。

度缺陷的矛盾。按照历史唯物主义的观点，社会发展的根本动力是生产力，生产力发展是社会发展的根本标志。生产力是推动历史发展的最活跃的因素，而制度则是相对稳定的。具体说来，制度具有稳定性、确定性和有效性，一方面有利于社会的稳定和人的发展，另一方面又会形成一种惯性，使制度出现功能失调，调控失效，这是制度创新的一个重要原因。制度的形成，其基础是社会实践。然而，制度的变化往往滞后于社会实践的发展，即使是成熟的和完善的制度随着时间的推移也会趋于保守并产生惰性和实质非理性。也就是说，一旦制度被制定和实施以后，其功能性空间总是有限的，即它的规范性、合法性分配、激励导向、协调整合能力总是有限的。任何具体的制度都有其不完满性和不完善性，随着社会生活的变化和发展，原来的制度无法有效地理顺人们之间的各种社会关系，合理分配人们的利益，协调或化解人们之间的矛盾和冲突。为了社会的稳定和发展，就必须进行制度创新。这是制度创新的客观必然性。

历史的客观必然性只是制度创新的客观原因。但是，人作为社会活动主体是具有自觉意识和能动性的。人对历史客观必然性的认识及其行为的选择，对制度创新活动的产生和实现有着重要作用。这是制度创新的主观原因。从制度与人的动机及其行为的关系来看，历史上任何制度，都是当时人们利益关系的反映及其选择的结果。虽然这种选择不是随意的，是有其客观必然性和受一定客观条件制约的，但是这种选择同时也是社会主体发挥主观能动性的结果。首先，人们对制度变革客观原因的正确认识和制度的理论创新，是制度创新的思想先导。制度创新总是在一定理论指导进行的。制度的理论创新是制度创新的理论指南。制度的理论创新对于制度创新的方向选择和价值选择有着重要作用。其次，对现存制度不合理和不公平的揭示和批判，对于人们解放思想，推动制度创新，具有重要意义。马克思主义正是通过揭露和批判资本主义制度的不合理、不公正，激励了工人阶级为创建社会主义新制度而奋斗。再次，消除现存制度弊病手段的选择，要发挥人的主观能动性。正如恩格斯所说："用来消除已经发现的弊病的手段，也必然以或多或少发展了的形式存在于已经发生变化的生产关系本身中。这些手段不应当从头脑中发明出来，而应当通过头脑从生产的现成物质事实中发现出来。"[①] 最后，在实践上，制度创新是人们能动选择的结果。在制度创新过程中，处在不同经济地位和具有不同经济利益的个人、群

① 《马克思恩格斯选集》第3卷，人民出版社，1995，第741页。

体有着各自的目标选择和价值取向。制度创新正是通过各种力量的博弈，在形成合力中能动地实现的。

3. 制度创新的主体选择

生产力不会自动地决定制度的变革与创新，而要通过人，即通过处在不同经济地位和具有不同经济利益的个人、群体之间的相互合作和相互斗争来实现。制度的本质是社会分工协作体系中不同个人、集团、阶层和阶级之间的利益交互关系。不同个人、群体之间为争得自己的经济利益、政治权利以及文化话语权而展开的斗争与合作，是制度选择和制度创新的直接动力。

个人是利益感知的主体。现存制度对个人利益带来的影响，首先通过个人的亲身感受而获得；个人对现存制度优劣好坏的评价与对未来制度的取舍，在很大程度上也都建立在自己以往的实践经验基础上。因此，个人对制度的认识、评价和选择，是制度创新的最初动因与行为基础。但是，制度的创新与选择并不是个人的行为，也不取决于个人单方面的意志。因为制度界定的是个人与他人的关系，任何制度的调整和重新界定必定涉及个人与他人利益关系的调整，从而涉及与制度相关的利益双方或多方。调整旧制度，选择新制度，都要经过利益相关各方的谈判与博弈、妥协与协调才能完成。因此，制度选择归根到底是一种集体行动。没有集体行动，任何一项变革都无法实施。至于集体行动的范围，则要视制度所涉及的层面和范围宽广程度而定。有的制度只涉及少数个人之间的关系，对第三方没有影响或影响不大，如个人间、企业间的契约，只要双方同意、认可，不违背国家的相关法律规定，就可以施行。有的制度涉及不同特定群体之间的关系，如雇主与雇员之间、不同社会集团和阶层之间，则需要经过集体谈判和博弈方式来达成。至于涉及国家的基本制度，如宪法和法律等，更要通过一定的政治形式、政治协商过程来决定。所以，具有不同利益取向的集团、阶层、阶级以及国家，都是制度选择的主体。

处在不同经济、政治和社会地位的个人与利益群体，对社会制度的选择与创新具有不同的价值取向和影响力。在民主社会的制度选择中，各个社会成员和各个群体都有平等的选择权利。“在平等的权利之间，力量就起决定作用。”[①] 一般说来，在经济、政治上占有优势地位的阶级、阶层和集团，具有较大的影响力和制度选择权；相反，在经济、政治上处于弱小地位的阶级、阶层和集团，

① 《马克思恩格斯全集》第 23 卷，人民出版社，1972，第 262 页。

在制度选择中只占有较小的影响力和发言权。不过，强势与弱势的分布格局不是一成不变的。随着技术的变革和社会分工的演进，随着弱势群体内部组织能力和协调能力的增强，弱势群体相对于强势群体的博弈能力、谈判地位会有所改变；而反映生产力发展的要求，代表生产力发展前进方向的阶级、阶层和集团，总能找到突破制度变革障碍的途径，促使社会利益关系的新调整，推动社会经济制度向前发展。

（四）制度创新的社会形式

制度与经济基础、生产力的关系是一种从基本适应到基本不适应再到基本适应的辩证统一过程。当制度不适应或基本不适应经济社会进一步发展的新要求时，制度需要进行创新。制度创新是人们在社会实践过程中自觉地创造有利于人类社会进步和发展的新型社会制度的过程。传统的制度在局部或整体上产生了结构性和功能性问题，即产生了结构性和功能性失效，因而需要对制度进行改革和创新，以重新整合各种社会关系。就制度本身而言，制度创新源于制度的形式合理性、合法性和实质公正性的矛盾。换言之，制度的实质公正性的缺失或萎缩而导致实质非理性，致使其与形式合理性发生冲突。制度创新就是为了解决上述矛盾而发生的。

制度的改变之所以往往滞后于生产力的发展，一方面是由于人们的认识落后于实践，新的生产方法、新的获利机会、新的分工形式，不会很快为多数人所认识和接受；另一方面是因为反映新分工形式的新制度常常受到旧制度既得利益者的反对，他们不会轻易地抛弃旧制度，除非他们从经验中认识到新制度会令自己获得的利益更多。这样，旧制度的改变与新制度的诞生不可能轻而易举，其间充满着不同群体、不同个人之间的利益矛盾与冲突，从而引发制度变革与创新的各种可能形式。

就社会制度的整体变革而言，制度创新的基本形式有革命与改革两种。社会革命是制度变革的对抗形式，而制度的改革、改良、调整则是一种非对抗形式。马克思主义创始人鉴于他们所处时代阶级矛盾的尖锐性和对抗性，特别强调社会革命对制度变革与创新的决定性作用。肯定革命对制度变革与创新的意义，并不否认制度变革与创新中的渐进性和非对抗性。社会制度的整体变革与创新究竟采取哪一种形式，主要取决于在原有制度中占据统治地位的阶级、集团对待制度变革的态度。如果占统治地位的阶级、集团采取开明、开放的态度来处理旧制度与新发展的矛盾，那么制度变革与创新将会以和平的、非对抗的形式演进；相反，如果占统治地位的阶级、集团顽固地维护旧制度，保护自己的既得利益，那么日积月累的社会矛盾就会逐步激化，使制度变革与创新演变为激烈的对抗形式。事实上，在人类历史发展长河中的大多数时段里，社会制度变革都采取渐进的、和平演进的非对抗形式；只在某些特定的阶段上，由于社会阶级矛盾特别尖锐，不采取革命和战争的形式就不能推翻旧的统治制度、不能实现社会变革的时候，才采取了暴力革命这样一种对抗形式。

制度创新还有所谓诱致性与强制性之分。所谓诱致性的制度创新，指的是与某一制度直接相关的个人、群体在谋求潜在利益的过程中自发、自主推动的制度创新。强制性变迁指的是制度变迁的外生性，即由与制度非直接相关的利益主体，如国家、政府这样的公共利益的代表者通过行政法令强制推行的制度变迁。将制度变迁区分为诱致性与强制性这两种形式，对于正确理解制度创新的起因以及经济社会活动主体与政府在制度创新中所起作用的差异，是有意义的。不过，这种区分只具有相对的意义，只是就某个具体的、微观层次的制度而言。

诱致性是制度创新的内在动力与原始起因，也是政府推行强制性制度变迁的基础。没有获利的可能，没有生产力的潜在进步，人们不可能产生改革旧制度、创建新制度的要求。当技术进步、市场需求发生变动时，就会出现新的分工形式和获利机会。但是，最早发现并能主动把握这一机会的常常只是少数人，其他人多数要在先行者的启发下才会开始行动。这时候，与此相适应的制度创新便呈现出自发性、局部性和不平衡性特征。

但是，在制度的整个体系中，每项制度的存在和运行要以其他制度的存在和运行为前提，而它的变动又会直接或间接地引发其他制度的变动。当某一制度发生变动时，它会通过波及效应对相邻层次的其他制度产生影响，引发左右之间的不适应与矛盾；又会通过联系效应对上下层次的制度发生作用，引发上下层次之间的不适应与矛盾。一般说来，左右相邻层次之间的矛盾可以通过经济主体自发的适应性调整而逐步达至新的平衡；而上下层次之间的矛盾则要经过相应层次的努力，花费较长时间才能理顺。因此，当局部制度发生调整，而其他部分，尤其宏观层面尚未进行相应变化时，制度系统便有可能出现短暂失衡，陷入某种制度真空或秩序混乱状态。为了避免出现这种情况，就需要国家出面，从整个制度系统的层面上运用行政与法律权力加以调整和协调，克服制度创新的阻力，迅速推进制度的整体变革与创新，以求达至新的平衡。

20世纪后半叶，中国有两次大的制度变革创新，一次是社会主义新中国的建立，另一次则是改革开放。前者属于飞跃式制度创新，通过武装革命完成；后者属于渐进式制度创新，通过有序的改革开放逐步推进。邓小平认为："改革是中国的第二次革命。"[①] 之所以如此，正如邓小平所说的："改革的性质同过去的革命一样，也是为了扫除发展社会生产力的障碍，使中国摆脱贫穷落后的状态。从这个意义上说，改革也可以叫革命性的变革。"[②] 改革不是细枝末节的修剪，而是对原有体制的根本性变革。根本性变革必然要求以制度创新作为最高形式，改革的过程归根结底是制度创新的过程。

（五）制度创新的原则

制度创新的目的在于改造旧的制度和体制，以创造更为合理、更有效率、更具活力的新的制度和体制，使之有利于社会进步和发展。要达到这一目的，固然要解决制度创新的具体方式、方法、途径等问题，但制度创新的基本原则更为重要。因为这些基本原则所包含的价值原则和方法论原则对于制度创新具有重要意义。

1. 制度创新要体现先进生产力发展的要求

生产关系与生产力相适应、上层建筑与经济基础相适应，是历史唯物主义的基本观点。当制度不适应或基本不适应经济基础和生产力进一步发展的新要求时，制度就要变革和创新。这样来看，制度创新实质是一个生产关系不断调适、构建以适应生产力发展需要和上层建筑不断调适、构建以与经济基础相适应的过程。因此，制度创新的根本要求是解放和发展生产力。制度创新要体现先进生产力发展的要求，就是要通过建立新的制度和体制，以扫除发展生产力的制度障碍。为此，邓小平把是否有利于发展社会生产力作为衡量经济体制改革和其他方面体制改革成效的根本标准。

2. 制度创新要体现最广大人民的根本利益和意愿

任何制度的调整都是人的利益关系的调整，而利益关系的调整必须以最广大人民的根本利益为尺度。这是制度创新的主体原则和价值原则。体现最广大

---

① 《邓小平文选》第3卷，人民出版社，1993，第113页。
② 《邓小平文选》第3卷，人民出版社，1993，第135页。

人民的根本利益是制度创新的根本价值原则。也就是说，制度创新要具有实质合理性和公正性，我们要把实现好、维护好、发展好最广大人民的根本利益作为制度创新的出发点和落脚点。从主体原则来说，人民是制度创新的主体。人民在社会实践中能敏锐地感知制度和体制是否切合实际，对人的社会活动是否具有正面的激励作用和合理的约束，因而人民是推动制度创新的直接动力。在我国经济体制改革过程中，制度上的许多创新都是人民首创的。正如邓小平所说的："农村搞家庭联产承包，这个发明权是农民的。农村改革中的好多东西，都是基层创造出来，我们把它拿来加工提高作为全国的指导。"[①] 因此，制度创新要体现最广大人民的根本利益和意愿，要尊重人民主体地位，发挥人民首创精神，保障人民各项权益，把增进人民福祉和提高人民生活水平作为衡量制度创新成效的重要标准。

3. 制度创新要讲究科学性和系统性

所谓科学性，是指制度创新的理论、创新的内容、创新的方法要科学。一是制度创新要以科学理论为指导，要解放思想，与时俱进。在科学理论指导下，制度创新要以本国历史文化和国情为前提，通过对传统文化的批判继承，创造出符合现代文明的制度。二是制度创新要遵循事物发展客观规律，也就是要按照经济社会发展规律和制度自身发展的规律，科学规划，循序渐进。三是要吸收和借鉴人类制度文明和制度创新的有益成果，同时要总结历史经验教训，以增强制度创新的科学性。所谓系统性，是指根本制度和各种具体制度要均衡、统一、协调，形成具有内在有机联系的制度体系，彼此之间没有冲突和相互掣肘的现象。社会制度系统同其他系统一样，具有鲜明的整体性、关联性、层次结构性、动态平衡性、开放性和时序性的特征。社会结构内的各项制度总是紧密相关的，在制度体系内，一项制度的变迁会引起其他制度的变化。因此，在制度创新时要注重系统性、整体性、协同性，坚持系统思考，科学统筹，使各项制度创新协同配合、良性互动、有机衔接，充分发挥制度最大的功能效率。

4. 制度创新要坚持以人为本

制度的核心和主体是人，制度是由人建立并为人服务的，任何制度问题的研究都是从人的利益和意志出发来进行的。正如马克思所说："不是国家制度创造人民，而是人民创造国家制度。""国家制度在这里表现出它的本来面目，即

① 《邓小平文选》第3卷，人民出版社，1993，第382页。

人的自由产物。”[①] 从以人为本的价值理念来看，制度创新本身并不是目的，只有人的全面自由发展才是社会发展和制度创新的最终目的。制度创新坚持以人为本，就是要通过制度创新不断推动人的解放，无论是制度的激励功能还是约束功能，都要有利于人的发展，以激发人们的创造性和积极性，在经济社会的科学发展中促进人的全面自由发展。

六、制度建设论

制度建设按其字义来讲，就是制度的建立和设置，其内容既包括对原有制度的改进、健全、完善，也包括新制度的创设。在现代社会，制度建设是制度不断适应社会实践新发展新变化，更好发挥其积极作用的需要，对推动经济社会发展具有重要意义。在当代中国，改革开放的过程也就是中国特色社会主义制度建设的过程。研究制度建设，不仅是发展中国特色社会主义制度，增强制度自信的需要，也是巩固改革成果，不断推动经济社会发展的需要。

（一）制度建设的内涵及其基本原则

1. 制度建设的界定

所谓制度建设，就是一个通过理论与实践探索，以组织行为改进原有规程或建立新规程，使制度不断健全完善和创新，并得到切实遵循的过程。因此，制度建设包括制度的理论建设和实践建设。所谓制度的理论建设，就是制度建设在理论方面的建设过程。一是确立制度建设的理论指导，即以什么思想理论指导制度建设，包括制度建设的指导思想、方针、基本原则和方法论等；二是确定制度建设的目标（总体目标和具体目标）、规划（总体规划和具体规划）、方案和程序等。制度的实践建设，就是在一定思想理论的指导下，按照预定的目标、规划、方案和程序实施制度建设的实践过程。它包括以下几个方面：一

① 《马克思恩格斯全集》第3卷，人民出版社，2002，第40页。

是对原有制度的改革实践。对原有制度的改革和改进是由社会实践推动的，同时也只有在实践中才能实现对原有制度的改革和改进。二是新制度的创设实践。无论是改进的制度还是新设立的制度，都有一个实践创设的过程。只有在制度建设的实践中，制度才能不断健全完善和创新。三是制度建设的实践检验。制度自身不能检验自己。制度建设的成果需要在制度执行的实践中才能检验，并在实践的检验中得到修正和发展。

从制度自身来说，制度建设包括制度、体制、机制等方面的建设。这些方面的建设，按其分类又包括实体性制度建设和程序性制度建设。同时，制度自身是形式和内容的统一，制度建设也包括这两个方面。从过程论来说，制度建设是一个动态的发展过程。一方面，由于经济社会是不断发展变化的，制度必须适应经济社会的发展变化，因此制度建设就是一个没有终点的发展过程。另一方面，事物的发展是分阶段的，在一定的经济社会发展阶段，制度建设也呈现阶段性。在一定的历史发展阶段，制度建设的目标和任务是明确和既定的，其目标和任务就是要建立与这一历史发展阶段相适应的相对成熟的制度体系。这是制度变动性和稳定性在制度建设上的体现。

2. 制度建设的基本原则

人类社会的各项建设都是对现实的改造和理想性的建构。制度建设同样是对现实制度的改造和对新制度的合理而科学的建构。因此，制度建设是基于一定社会现实基础的人的能动性活动，它既受制于客观条件，同时也是人的创造性产物。这些特点决定了制度建设有其自身规律，必须遵循一定的原则。

（1）制度建设必须遵循经济社会发展规律。

生产关系一定要适应生产力，上层建筑一定要适应经济基础，这是人类社会历史发展的最一般的规律。制度在影响社会发展的各要素的逻辑链条中，处于中间环节，制度取决于生产力水平和生产关系状况。马克思、恩格斯指出："一定的生产方式或一定的工业阶段始终是与一定的共同活动方式或一定的社会阶段联系着的，而这种共同活动方式本身就是'生产力'；由此可见，人们所达到的生产力的总和决定着社会状况，因而，始终必须把'人类的历史'同工业和交换的历史联系起来研究和探讨。"① 在社会发展系统中，生产力是最终的决定因素，也是社会发展的根本标志。随着生产力的发展，生产关系的某些方面

① 《马克思恩格斯选集》第1卷，人民出版社，1995，第80页。

渐渐不适应生产力发展的要求，上层建筑的某些方面不适应经济基础发展的要求，这一矛盾既体现在社会实践中，也反映在人的意识中，于是人们便提出制度变革和制度建设的要求和任务，使之适应社会生产方式和交往方式的变化，促进生产力和人的发展。抓住生产力发展这一根本，能够摆脱历史上许多次要和偶然因素的纠缠，找到制度建设中起根本作用的决定要素。因此，只有遵循经济社会发展规律，制度建设才能与历史发展方向相一致，从而促进生产力的发展和社会进步。

（2）制度建设要坚持客观规律性和主体选择性相统一。

制度建设有自身变化发展的规律，这是必须遵循的。社会的主体是人。社会规律实质上是人的活动规律。人是有自觉能动性的主体，因而社会规律的表现形式和实现方式是与人自觉的主观选择和实践选择密不可分的。同时，客观规律为人们提供了选择的基础、空间和范围，即为人们的选择提供了多种可能性。所谓主体选择，就是人们在既定的历史条件下，面对制度建设未来发展的多种可能性，有意识有目的地选取制度建设的方向、目标、方式和路径。它以制度建设的可能性为前提，客观需求为内在根据，以认识上的选择为起点，以实践为关键，以制度评价为终结。制度建设的客观规律性和主体选择性在根本上是统一的。一方面，制度建设的规律性决定其发展的基本趋势，为人们的历史选择提供了多种可能性，它允许并制约着人的选择。另一方面，制度建设的主体是社会的人，人们通过每一个人追求他自己的、自觉期望的目的而创造自己的历史。正如恩格斯说：“在社会历史领域内进行活动的，全是具有意识的、经过思虑或凭激情行动的、追求某种目的的人；任何事情的发生都不是没有自觉的意图，没有预期的目的的。”① 人的选择是制度建设规律发生作用的条件和表现方式，人的选择可以使规律起作用的前提发生改变，从而造成不同的历史结局，给人们的利益带来不同的影响。制度建设的客观规律性和主体选择性统一于社会发展的历史过程中。

（3）制度建设要以人民为主体。

从价值论来看，制度与人的关系是一种价值关系。制度是满足人的需要的价值客体，依靠人民、服务人民应当成为制度建设的核心理念、解释原则和理论依据。因此，制度建设要坚持人民主体的原则。首先，要以人民群众为本。

---

① 《马克思恩格斯选集》第4卷，人民出版社，1972，第243页。

社会分为不同的阶层，制度建设要以从事实践活动的最广大人民群众为建设主体。其次，要以人民群众的需要和利益为本。马克思说过："人们奋斗所争取的一切，都同他们的利益有关。"[①] 制度所规定的社会关系，首先是利益关系。我们的各项制度建设应该反映最大多数人的意志，以人民的利益为价值追求，这样才得到人民群众的支持和拥护，这既是制度建设的动力，也是发挥制度建设效力的必然要求。再次，要正确处理制度建设各社会主体的关系。制度建设的主体包括政府、社会组织、群体和个人。以人为本的理念是在具体的主体活动中体现出来的，制度建设要保障这些主体积极性的充分发挥。国家和社会发展的制度设计和实践方略要最大限度地体现和满足社会主体的需要和利益，处理好各种利益关系。国家和社会的整体利益要体现社会各阶层的共同利益和根本的长远的利益，要保障社会不同主体的正当权益，使之各得其所，和谐发展。

（4）制度建设要体现社会公平正义。

制度建设的旨意，一方面通过改进原有规程或建立新规程，以适应新的实践和新的发展，追求一种更高的效益；另一方面是建立社会良性秩序和规范社会公共行为，维护社会公平正义。为此，公平和效率都是制度建设追求的目标，强调效率而忽视公平或者强调公平而牺牲效率都是片面的。但是，正义是制度的首要价值。虽然公平正义是具体的、历史的、相对的，但随着经济社会的发展和进步，社会公平正义应当有更高的追求和目标。所以，在制度建设过程中，要以实现社会公平正义作为评判制度建设成果的直接标准，高度重视和反映人民群众对社会公平正义的新期盼，不断促进和维护社会公平正义。

（二）制度建设方法论

方法论，就是人们认识世界、改造世界的最一般的方法，是人们用什么样的方式、方法来观察事物和处理问题的最一般的理论。本文所说的制度建设方法论，是指以马克思主义哲学方法论指导制度建设，是马克思主义哲学方法论在制度建设中的运用。

1. 制度建设要坚持实事求是，一切从实际出发

实事求是是马克思主义的灵魂。所谓实事求是，毛泽东认为："'实事'就是客观存在着的一切事物，'是'就是客观事物的内部联系，即规律性，'求'

---

① 《马克思恩格斯全集》第1卷，人民出版社，1956，第82页。

就是我们去研究。”[①] 也就是说，实事求是就是从客观存在着的事物出发，探求其规律性，以作为我们行动的向导，并按照客观规律办事。

制度问题具有根本性、全局性、稳定性和长期性，关乎国家的兴衰成败。而能否坚持实事求是，一切从实际出发，则关系制度建设的成败。制度建设如何坚持实事求是、一切从实际出发，关键是以下几点：一是在制度建设方向的确定上，必须与本国的根本政治制度和基本经济制度相一致；二是在制度建设路径的选择上，要从自己的国情出发，走自己的路；三是在制度建设目标的确立上，要建立符合本国实际情况和具有自己特色的制度体系；四是在制度建设价值的取向上，要反映本国人民的意志，尊重他们意愿，以人民拥护不拥护、赞成不赞成、满意不满意为评判标准。制度建设虽然有自身的规律性，但一般包含在个别之中，一般要与个别相结合，并不存在制度建设抽象的普遍适用的模式。实践证明，在制度建设问题上，每个国家都有自己的情况，各自的经历也不同，照抄照搬别国经验、别国模式，从来是不可能成功。正如邓小平所说的：“要紧紧抓住合乎自己的实际情况这一条。所有别人的东西都可以参考，但也只是参考。世界上的问题不可能都用一个模式解决。”[②] 因此，无论是制度建设的理论还是实践，都应当坚持实事求是，从自己的实际出发。这是制度建设方法论的重要原则。

2. 制度建设要坚持实践观点，在实践探索中推进

制度建设作为一种实践活动，必须用马克思实践的思维方式和实践逻辑来思考问题、解决问题。制度建设不管是对原有制度的改进和完善，还是建立新制度，实质上都是一种创新，是一种探索性实践，要在探索中推进的。所谓在实践中探索推进，就是坚持实践第一的观点，不搞争论，既要大胆地闯，又要经过试验。

第一，在实践探索中推进制度建设，就是要着眼于实践，不搞空洞的争论。改革是一场伟大的社会变革，对待改革中出现的新事物，在认识上有不同看法是正常的。但是，脱离实践的争论既无助于思想的统一，又会贻误体制改革和制度创新的良机。不搞争论，体现了实践第一的原则。制度建设既然是创新性的社会变革，首先需要的是实践和探索。如果什么事情都要争论清楚了再干，

① 《毛泽东选集》第3卷，人民出版社，1991，第801页。
② 《邓小平文选》第3卷，人民出版社，1993，第261页。

就会束缚群众的手脚，不敢研究新情况，解决新问题。同时，判断改革的是非得失，也不能通过争论来解决，只能通过实践标准来判断。

第二，在实践探索中推进制度建设，就是要尊重群众的首创精神。人民群众是社会实践的主体。知政之得失在草野。制度建设既然是一种创造性的实践，人民群众作为制度建设的主体，其实践探索对于制度建设具有重要意义。因此，在制度建设中，必须坚持“从群众中来，到群众中去”的工作方法，尊重群众的首创精神，善于把人民群众的实践创造转化为制度建设的成果，并在群众实践中不断完善和发展。

第三，在实践探索中推进制度建设，就是要“摸着石头过河”。摸着石头过河作为工作方法，其含义就是指在经验不足的情况下，必须大胆试验、积极探索、摸清规律、稳步前进。实践、认识、再实践、再认识，是辩证唯物主义认识论。制度建设也要遵循这一认识路线。制度建设是一个不断完善和深化的过程，需要不断研究新情况，解决新问题。在制度建设过程中，只有遵循辩证唯物主义认识论，坚持实践探索，摸着石头过河，才能摸清规律，稳步推进制度建设。

3. 制度建设要坚持辩证联系观点，注重系统性、整体性、协同性

唯物辩证法普遍联系的观点认为，世界上的一切事物都处于相互影响、相互作用、相互制约之中，不能片面和孤立地看问题。社会制度是一个多层次的相互联系的体系。在整个社会制度体系中，各领域的制度既是相对独立的子系统，同时它们之间又相互联系、相互影响；而各子系统中的各项制度也是相互联系、相互影响的。以辩证联系观点指导制度建设，就要以系统性思维认识和处理各领域、各层次制度建设的关系。系统性思维是根据客观事物具有普遍联系性的特征，从事物的整体出发，着眼于整体与部分、整体与层次、整体与结构、整体与环境的相互关系，求得优化的整体效应的思想方法。运用这一科学方法，注重制度建设的系统性、整体性、协同性，才能提高制度建设的科学化水平，发挥制度的整体功效，构建科学的制度体系。

4. 制度建设要坚持矛盾分析方法，正确处理各种矛盾关系

矛盾分析方法是唯物辩证法的根本方法。矛盾分析法是指运用对立统一规律观察、分析社会现象，以达到认识社会现象发展变化的内在联系与机制的方法，包括一分为二地看问题，具体问题具体分析，抓住重点和主流，坚持两点论和重点论的统一等方法。矛盾是事物变化发展的根本原因和内在动力。制度

建设同样是在不断发现矛盾、分析矛盾、解决矛盾中推进的。在制度建设过程中，各种矛盾是客观存在和不可避免的。一是利益矛盾。无论是规范性制度还是激励性制度，都是社会利益关系的反映。旧制度的调整是对原有利益关系的调整，新制度的建立则是新利益关系的确立。为此，制度建设必须在人民群众根本利益的基础上，正确处理社会利益矛盾。二是制度体系内部矛盾。制度体系内部矛盾，包括新制度与旧制度的矛盾、制度体系内各子系统的矛盾、各子系统的内部矛盾等等。正确处理这些矛盾，才能增进制度建设的系统性、整体性、协同性、前瞻性。三是制度与外部条件的矛盾。制度建设总是在一定的社会环境下进行的，是受各种条件制约的。妥善处理相关矛盾，有助于减少各种阻力，为制度建设创造良好的社会环境。

（三）加强制度建设，完善和发展中国特色社会主义制度

中国共产党十一届三中全会开启了当代中国改革开放新时期，同时开启了当代中国制度建设新时期。当前我国全面深化改革的总目标，就是完善和发展中国特色社会主义制度，推进国家治理体系和治理能力现代化。因此，加强制度建设，对于坚持制度自信，完善和发展中国特色社会主义制度，推进国家治理体系和治理能力现代化，具有重要意义。

1. 制度建设要坚持正确的方向

在全面深化改革中，习近平强调：“中国是一个大国，决不能在根本性问题上出现颠覆性错误，一旦出现就无法挽回、无法弥补。我们的立场是胆子要大、步子要稳，既要大胆探索、勇于开拓，也要稳妥审慎、三思而后行。”① 全面深化改革，加强制度建设，方向是至关重要的。因为加强制度建设，是为了完善和发展中国特色社会主义制度，保障和推进中国特色社会主义事业。只有坚持正确的方向，制度建设才能沿着正确的轨道健康和有序地进行。

（1）制度建设要以马克思主义为指导。

坚持马克思主义的指导地位是中国特色社会主义制度建设的前提。这是因为我们的制度建设是社会主义的自我完善和发展，坚持马克思主义的指导是我们进行制度创新和制度建设的关键。坚持马克思主义在意识形态的指导地位，

① 习近平：《深化改革开放　共创美好亚太——在亚太经合组织工商领导人峰会上的演讲》，《人民日报》2013年10月8日。

能保证我们制度创新的正确方向；坚持社会主义基本价值原则、制度基础和本质要求，是我们进行制度创新的基本原则。马克思主义对于中国特色社会主义制度建设的指导作用主要体现在三个方面：一是制度建设的理论基础。马克思主义所揭示的关于人类历史发展的规律，关于社会基本矛盾的理论，关于国家的学说，关于社会制度的本质，关于科学社会主义的基本原则，等等，是我们认识制度问题的科学指南，是我们制度建设的理论基础。二是制度建设的价值导引。马克思主义作为科学的人类解放学说，其基于人类社会发展规律基础上的“两个必然”的科学判断，实现人的全面自由发展的价值追求，人民至上的价值立场，是我们进行制度建设的价值导向。三是方法论功能。历史的、辩证的、唯物的分析方法是马克思主义最为根本的方法论，这些方法论要求我们在制度建设和制度创新中要能做到实事求是，理论联系实际，密切联系群众，通过实践来发展和检验制度，只有在科学方法论指导下产生的制度才能是真正有生命力的制度。

（2）制度建设要有利于发挥中国特色社会主义制度的优势。

中国特色社会主义制度，坚持把根本政治制度、基本政治制度同基本经济制度以及各方面体制机制等具体制度有机结合起来，坚持把国家层面民主制度同基层民主制度有机结合起来，坚持把党的领导、人民当家作主、依法治国有机结合起来，符合我国国情，集中体现了中国特色社会主义的特点和优势，是中国发展进步的根本制度保障。中国特色社会主义制度的特点和优势集中表现为五个方面：第一，有利于保持党和国家活力，调动广大人民群众和社会各方面的积极性、主动性、创造性；第二，有利于解放和发展社会生产力、推动经济社会全面发展；第三，有利于维护和促进社会公平正义、实现全体人民共同富裕；第四，有利于集中力量办大事、有效应对前进道路上的各种风险挑战；第五，有利于维护民族团结、社会稳定、国家统一。制度建设坚持正确的方向，必须以制度自信为前提，充分发挥中国特色社会主义制度的优势。

（3）制度建设要加强党的领导。

党的领导是制度建设的组织保证和政治保证。中国共产党始终代表中国先进生产力的发展要求，代表中国先进文化的前进方向，代表中国最广大人民的根本利益，是中国特色社会主义事业的领导核心。在制度建设中，必须加强和改善党的领导，充分发挥党总揽全局、协调各方的领导核心作用。党的领导与人民当家作主是有机统一的。中国特色社会主义各项制度是由党领导人民制定的，体现了党的正确主张与广大人民意志的统一。只有坚持党的领导，才能保证我国制度建设的正确方向，才能完善和发展中国特色社会主义制度。

2. *制度建设要立足国情，走自己的路*

在改革开放之初，邓小平就强调："我们党的十一届三中全会的基本精神是解放思想，独立思考，从自己的实际出发来制定政策。因为在中国建设社会主义这样的事，马克思的本本上找不出来，列宁的本本上也找不出来，每个国家都有自己的情况，各自的经历也不同，所以要独立思考。不但经济问题如此，政治问题也如此。"① 古今中外的治国之道反复验证，一个国家选择什么样的发展道路，实行什么样的制度，必须扎根于本国的实际，注重历史和现实、理论和实践、形式和内容有机统一。把握中国实际是中国特色社会主义制度建设和制度创新的基点。制度建设是马克思主义中国化的深度推进，必须坚持将马克思主义与中国实际相结合，相结合的关键在于全面客观地把握中国实际、解决实际中的问题。中国特色社会主义制度之所以行得通、有生命力、有效率，就是因为它是从中国的社会土壤中生长起来的。完善和发展中国特色社会主义制度，也必须立足国情，走自己的路，从中国的实际出发，推进各项制度的建设和创新。只有深深扎根于中国的社会土壤而日臻完善的制度，才是最可靠也是最管用的好制度。

3. *制度建设要以改革为动力*

改革开放的实践表明，体制改革与制度建设是相辅相成、相互促进的。体制改革破除经济社会发展的体制障碍，为制度建设开辟道路，推动制度的建设和创新；而制度建设则是改革成果的制度化。在新的历史起点上，加强制度建设，完善和发展中国特色社会主义制度，同样要以改革为动力。我们既要看到中国特色社会主义制度是特色鲜明、富有效率的，但同时要看到它还不是成熟定型的。中国特色社会主义事业不断发展，中国特色社会主义制度也需要不断完善。邓小平 1992 年在南方重要谈话中指出："恐怕再有三十年的时间，我们才会在各方面形成一整套更加成熟、更加定型的制度。"② 坚定制度自信，不是故步自封，而是要不断革除体制机制弊端，让我们的制度成熟而持久。制度自信，也不是墨守成规、妄自尊大，而是要不断改革创新，不断推进制度体系完

---

① 《邓小平文选》第 3 卷，人民出版社，1993，第 260 页。

② 《邓小平文选》第 3 卷，人民出版社，1993，第 372 页。

善和发展。中国特色社会主义制度是在不断改革中形成的，也必须在不断改革中完善和发展。当前我国进入全面深化改革阶段，改革涉及面宽、触及利益层次深，这就要求增强改革的协调配套，找准深化改革的突破口，明确深化改革的重点，不失时机地推进重要领域和关键环节改革，打破不合理的利益格局，突破利益固化的藩篱，冲破既得利益者的阻力，深入推进经济体制、政治体制、文化体制、社会体制、生态文明体制的改革创新。党的十八大强调，要把制度建设摆在突出位置，充分发挥我国社会主义制度优越性。我们要以全面深化改革推进制度建设，坚持以实践基础上的理论创新推动制度创新，坚持和完善现有制度，从实际出发，及时制定一些新的制度，构建系统完备、科学规范、运行有效的制度体系，使各方面制度更加成熟、更加定型，为中国特色社会主义事业提供更加有效的制度保障。

4. 制度建设要顶层设计与实践探索相结合

中国特色社会主义制度，是一整套相互衔接、相互联系的制度体系，一方面，需要不断加强对制度建设的整体战略谋划，明确发展价值取向，统筹全局。另一方面，制度建设又需要实践探索，摸着石头过河。

重视宏观思考和顶层设计，是习近平关于改革的一个重要战略思想，对指导制度建设同样具有重要意义。制度建设有其规律性，要遵循规律做好制度建设的整体设计。制度建设是人的社会性实践活动，体现人的意志和价值追求，也受制于社会现实条件，同时，不同领域的制度建设又有其客观性，只有遵循事物发展的客观规律，才会有生命力，才能发挥应有作用。因此，制度建设首先应该加强理论研究，做好制度设计，遵照社会发展的现实条件和不同领域的制度建设规律来完善制度，使制度更好地体现社会发展的要求和人民的意志，更好地实现、维护、发展人民的根本利益，保障人民的各项权益，造福广大人民群众，获得广大人民群众的价值认同，使制度更好地促进经济社会科学发展，为社会主义的自我完善发展提供持久的动力，使中国特色社会主义制度焕发出持久的活力和生命力。

摸着石头过河，是富有中国特色、符合中国国情的改革方法，也适用于制度建设。摸着石头过河，是以实践为基础的马克思主义认识论的一种通俗表达，其实质就是在实践中试验、探索，在实践中总结经验、坚持真理、修正错误，这是认识的普遍规律。制度建设是一项复杂的系统工程，往往要采取试点探索、投石问路的方法，以便取得经验，形成共识，看准了，再推开。顶层设计同摸着石头过河并非不能相容。顶层设计是在摸着石头过河取得经验的基础上进行的，闭门造车，不可能有科学的顶层设计；摸着石头过河要在顶层设计的指引下进行，否则难以避免盲目性和碎片化，不能有效推动全局发展。因此，既要加强宏观思考和顶层设计，更加注重制度建设的系统性、整体性、协同性，同时也要继续鼓励大胆试验、大胆突破，不断推进制度建设。

5. 制度建设要统筹兼顾，协调推进

加强制度建设是要构建系统完善、科学规范、运行有效的制度体系。制度作为一个体系，应该是一个把法律、政策、规则、程序、措施等有机连接在一起的能良性运行的系统。为此，我们要注重制度的系统性、整体性和协调性，增强创新理念，按照统筹兼顾的原则，协同有序推进制度建设。

（1）统筹兼顾制度建设的整体推进与重点突破。

整体推进是讲制度建设的整体性。所谓整体性，即抓好制度的顶层设计，注重制度的整体效益，设计制定相互依存、相互补充、相互促进的制度体系。重点突破说的是制度建设的重点性。所谓重点性，就是围绕制度建设的重点领域、部位和关键环节，找准制度建设的切入点和着力点，以重点突破推动制度的全面建设。制度建设是一项复杂而艰巨的工作，其涉及面广、专业性强、综合要求高，必须统筹安排，突出重点，有计划、有步骤地进行。重点突破有全局性的重点突破和战术层面的重点突破。全局性的重点突破，牵一发而动全身，是一种带有全局性、系统性、整体性的重点突破。战术层面的重点突破，要求抓住制度建设的重要领域和关键环节，由此突破并牵引和带动其他各方面的制度建设。重点突破需要在整个战略框架下运行，必须立足全局，坚持整体推进与重点突破相结合，努力使各项制度建设彼此衔接、环环相扣、相互协调，充分发挥整体效能。

（2）统筹兼顾制度建设的现实性和前瞻性。

制度的设计和建设不仅要解燃眉之急，更应防患于未然。制度建设内容丰富、任务繁重，不可能一蹴而就，也不可能一劳永逸，是一项长期工程，始终处于动态过程中，既要立足当前，解决好现实突出问题，又要着眼长远，未雨绸缪。坚持现实性和前瞻性的有机统一，既要考虑当前工作需要、条件是否具备等因素，又要着眼于制度建设的长远性和基础性，兼顾未来制度建设需要。一方面，要提高敏锐性，加强对当前主要矛盾和热点难点问题的深入研究，认真做好现存制度的废、改、立工作，及时制定一批针对性强的管用的制度，不断完善各方面的制度体系。另一方面，要把握经济社会发展的趋势和制度建设的规律，注重制度的前瞻性规划设计，保持一定的弹性度，通过科学合理的弹性安排，实现制度的阶段性发展和逐步完善。

（3）统筹兼顾制度建设的原则性和实践性。

制度不能过于原则、宽泛和抽象，无实际内容的制度，形同虚设，难以落实。按照“于事简便”的要求，制度建设要朝着简明扼要、明确实用的方向发展。随着国家和社会治理法治化制度化的发展，迫切要求全面提升制度的实践性和可操作性，确保制度行得通、管得住、用得好。一些制度原则要求多，具体措施少，或者是重实体轻程序，存在比较大的自由裁量空间。这是一些制度难以得到执行和真正发挥作用的主要原因。因此，制度设计要做到宽严合适，既要体现坚定的原则性，又要具有可行的实践性。在制度起草阶段，必须牢牢把握“程序严密、主体明确、指向明晰、简便易行”的要求，既要有原则性和指导性的规定，也要注重可操作性的配套规定，把制度的原则性细化为可操作的具体规定。

（4）统筹兼顾制度建设的继承性和创新性。

任何创新都是在继承基础上进行的，所以要正确处理制度建设中继承与创新的关系。制度建设的继承性讲的是制度的连续性、稳定性，即要总结经验、坚持已有的好制度和好做法。制度建设的创新性是讲制度的变迁性，也就是要适应新形势、新任务的发展变化，注重研究新情况、新问题，不断探索新思路新办法，改进和创新制度。坚持继承与创新的统一，就是要在继承中创新，在创新中继承。对于制度建设中的继承问题，首先要继承我们制度建设行之有效的好经验好方法，充分发挥中国特色社会主义制度的优势；同时要借鉴人类制度文明的有益成果和制度建设的有益经验。继承不是故步自封，而是为了更好地创新发展。制度建设深入推进的过程，就是一个不断研究新情况、解决新问题的过程，就是完善和发展中国特色社会主义制度、推进国家治理体系和治理能力现代化的过程。中国特色社会主义制度创新要具备前沿的时代性、开放性和世界眼光。因此，制度建设要针对新情况新问题，加强调查研究，修订和完善原有的制度，对不合时宜的制度要及时废止，及时制定科学有效的制度，并使新旧制度有机衔接，防止出现制度前后相悖的现象，从而在继承中积极推进制度创新。

（四）巩固和发展中国特色社会主义制度的辩证法

社会主义制度建立以后，如何巩固和发展社会主义制度，始终是马克思主义政党思考的重要问题。1992 年，邓小平提出："我们搞社会主义才几十年，还处在初级阶段。巩固和发展社会主义制度，还需要一个很长的历史阶段，需要我们几代人、十几代人，甚至几十代人坚持不懈地努力奋斗，决不能掉以轻心。"① 在改革开放中，邓小平在总结历史经验的基础上，对中国这样的经济文化比较落后的国家如何巩固和发展社会主义制度提出了新的思路。邓小平这些新思想体现了丰富而深刻的唯物辩证法，对于巩固和发展中国特色社会主义制度具有重要意义。

1. 出发点和着眼点：巩固和发展社会主义制度两种不同思路的哲学对立

如何坚持和巩固社会主义制度，指导思想正确与否是至关重要的。在思想路线方面，邓小平认为："搞社会主义一定要遵循马克思主义的辩证唯物主义和历史唯物主义，也就是毛泽东同志概括的实事求是，或者说一切从实际出发。"② 如果脱离中国的实际（特殊的国情）来谈社会主义，脱离中国社会主义发展的实际（特定的历史阶段）来谈社会主义，就会陷入主观空想。过去我们曾脱离实际，盲目追求所谓"纯粹的""高级的"社会主义，急于向共产主义过渡。这种主观意志的所谓"高级的"社会主义，并不因为频繁的社会主义教育运动而在人民群众心中巩固起来。所以，邓小平指出："社会主义必须是切合中国实际的有中国特色的社会主义。"③ 我们坚持这样的社会主义，才会有深厚的群众基础，才会在实践中不断地巩固和发展起来。

如何巩固和发展社会主义制度，在政治路线上也有不同的思路，即工作的着眼点和中心任务问题。在社会主义改造基本完成以后到 1976 年的二十年间，由于"左"的指导思想，曾错误地认为巩固和发展社会主义制度所要解决的主要矛盾是无产阶级与资产阶级的矛盾，因而以阶级斗争为纲，并错误地认为阶级斗争一抓就灵。"文化大革命"把这一路线发展到了顶点，结果在政治上导致了全面内乱，在经济上走到了崩溃的边缘。邓小平总结历史教训，提出了新的思路。他认为，巩固和发展社会主义的关键是要解决落后的社会生产与人民群

---

① 《邓小平文选》第 3 卷，人民出版社，1993，第 379—380 页。

② 《邓小平文选》第 3 卷，人民出版社，1993，第 118 页。

③ 《邓小平文选》第 3 卷，人民出版社，1993，第 63 页。

众日益增长的物质文化需求这个主要矛盾，必须以经济建设为中心；否则，“离开了经济建设这个中心，就有丧失物质基础的危险”[①]。根据这种思路，确定了一心一意搞社会主义现代化建设的政治路线，从而使我们在巩固和发展社会主义制度问题上又回到了历史唯物主义的轨道。

2. 坚持与改革：巩固和发展社会主义制度的辩证之路

邓小平指出：“中国只有坚持搞社会主义才有出路，搞资本主义没有出路。”[②] 同时又指出：“如果现在再不实行改革，我们的现代化事业和社会主义事业就会被葬送。”[③] 在这里，邓小平正确地指出了坚持社会主义制度与改革开放的必要性及其辩证关系。

首先，只有社会主义才能发展中国。邓小平指出：“我们建立的社会主义制度是个好制度，必须坚持。”[④] 他反复强调，中国不搞社会主义不行，不坚持社会主义不行。为什么？第一，只有坚持社会主义制度，才能使全体人民富裕起来。社会主义制度最大的优越性就是共同富裕。这是资本主义所无法实现的。所以邓小平说：“中国要解决十亿人的贫困问题，十亿人的发展问题。如果搞资本主义，可能有少数人富裕起来，但大量的人会长期处于贫困状态，中国就会发生闹革命的问题。”[⑤] 这已不是什么危言耸听，而是中国的历史所证明了的。第二，坚持社会主义制度，才能保持安定团结的政治局面。稳定的政治局面是经济社会发展的必要条件。由于社会主义制度是要消灭剥削，实现共同富裕，因而只有坚持社会主义才能使人民有共同的理想、共同的目标，才能保持民族团结，国家统一。如果动摇了社会主义制度，“我们的社会就将是一个乱的社会，就谈不上安定团结，什么建设改革、振兴中华，都将成为空话”[⑥]。第三，坚持社会主义制度，才能维护国家的独立自主。中国本来是个穷国，但在国际上却占有重要的地位和有着巨大的影响，就是因为中国是独立自主的国家。邓小平说：“为什么说我们是独立自主的？就是因为我们坚持有中国特色的社会主义道路。”[⑦] 否则，只能看别人的脸色行事。不坚持社会主义，即使发展起来了，

① 《邓小平文选》第 2 卷，人民出版社，1994，第 250 页。
② 《邓小平文选》第 3 卷，人民出版社，1993，第 211—212 页。
③ 《邓小平文选》第 2 卷，人民出版社，1994，第 150 页。
④ 《邓小平文选》第 3 卷，人民出版社，1993，第 116 页。
⑤ 《邓小平文选》第 3 卷，人民出版社，1993，第 229 页。
⑥ 《邓小平文选》第 3 卷，人民出版社，1993，第 146 页。
⑦ 《邓小平文选》第 3 卷，人民出版社，1993，第 311 页。

也不过成为西方的附庸国。

其次，坚持和巩固社会主义制度，必须改革开放。邓小平认为："坚持改革开放是决定中国命运的一招。"[①] 邓小平之所以把改革开放提到这样的高度，是他正确地把握时代的特点和对社会主义发展历史经验深刻反思的结果。第一，世界形势日新月异，特别是现代科学技术发展很快，墨守成规的观点只能导致落后，甚至失败。社会主义没有固定的模式，而且也不可能有固定的模式。它必须从实际出发，适应时代的发展。所以邓小平说："我们的根本问题就是要坚持社会主义的信念和原则，发展生产力，改善人民生活，为此就必须开放。否则，不可能很好地坚持社会主义。"[②] 第二，不改革就没有出路，是因为旧的那一套经过几十年的实践证明是不成功的。邓小平在《改革的步子要加快》一文中指出，过去我们搬用别国的模式，结果阻碍了生产力的发展，在思想上导致僵化，再加上我们自己"左"的错误，使我们国家长期处于停滞和徘徊状态。这种状况不改革行吗？第三，社会主义制度本身需要不断地发展和完善，而改革就是社会主义制度的自我完善。实践证明，"没有改革开放就没有希望"[③]。改革开放给社会主义注入了活力，是坚持和巩固社会主义制度的正确道路。

3. 从不够格到够格：中国社会主义制度巩固和发展的辩证历程

社会主义社会的发展是一个从不发达到发达、从初级阶段到高级阶段的过程。我们是在半封建半殖民地基础上取得革命胜利建立社会主义制度的，现在仍处在初级阶段，经济文化还比较落后。在这种情况下，如何巩固社会主义制度，邓小平认为关键在于发展经济，摆脱贫困。他指出："社会主义如果老是穷的，它就站不住。"[④] 所以，我们要坚持社会主义，首先要摆脱贫穷落后状态，大大地发展生产力，体现社会主义优于资本主义的特点。历史唯物主义告诉我们，任何社会制度要巩固和发展，没有一定的物质基础是不行的。社会主义要优越于资本主义，其特点不是穷，而是富，是人民共同富裕。这样，要巩固社会主义制度，就必须把发展生产力作为社会主义的根本任务。从国内来说，中国解决所有问题的关键是要靠自己的发展。邓小平认为，经济发展不发展，人民生活改善不改善，这不只是经济问题，实际上是个政治问题。他说："世界上

---

① 《邓小平文选》第 3 卷，人民出版社，1993，第 368 页。
② 《邓小平文选》第 3 卷，人民出版社，1993，第 274 页。
③ 《邓小平文选》第 3 卷，人民出版社，1993，第 320 页。
④ 《邓小平文选》第 2 卷，人民出版社，1994，第 191 页。

一些国家发生问题，从根本上说，都是因为经济上不去，没有饭吃，没有衣穿，工资增长被通货膨胀抵消，生活水平下降，长期过紧日子。”[①] 从国际上看，不实现社会主义现代化，中国在世界上就没有应有的地位。现在西方发达国家推行霸权主义、强权政治，威胁我们的社会主义制度。在这种情况下，邓小平认为：“中国能不能顶住霸权主义、强权政治的压力，坚持我们的社会主义制度，关键就看能不能争得较快的增长速度，实现我们的发展战略。”[②] 他指出，国家之所以能够很稳定，就是因为我们搞了改革开放，促进了经济发展，人民生活得到改善。他认为，中国只要这样搞下去，旗帜就不会倒。当然，巩固社会主义要做很多工作，邓小平并没有否定其他工作的重要作用，他曾多次指出我们最大的失误是在教育方面，思想政治工作薄弱了。在众多工作中，邓小平强调经济发展具有决定的意义。他说：“加强思想政治工作，讲艰苦奋斗，都很必要，但只靠这些也还是不够。最根本的因素，还是经济增长速度，而且要体现在人民的生活逐步地好起来。人民看到稳定带来的实在的好处，看到现行制度、政策的好处，这样才能真正稳定下来。”[③] 这是对历史唯物主义的正确把握和运用。

如果以生产力为标准，那么在中国这样一个经济文化落后的国家巩固和发展社会主义制度，就有一个从不够格到够格的辩证过程。贫穷不是社会主义。以此来衡量社会主义，就有个够格不够格的问题。邓小平在回顾我们社会主义发展历程的时候说：“我们在一个长时期里忽视了发展社会主义社会的生产力。从一九五七年起，我们生产力的发展非常缓慢。拿农村来说，到一九六六年的十年间，农民的收入没有增长多少。虽然有一些地区的农民生活比较宽裕，但是多数地区的农民还处在贫困状态。当然，同旧中国相比，还是进步了。如果按照社会主义的标准来要求，这是很不够的。”[④] 这里提出了社会主义标准问题，主要看生产力的发展，看人民生活的提高。为此邓小平指出：“现在虽说我们也在搞社会主义，但事实上不够格。只有到了下世纪中叶，达到了中等发达国家的水平，才能说真的搞了社会主义，才能理直气壮地说社会主义优于资本主

---

① 《邓小平文选》第3卷，人民出版社，1993，第354页。
② 《邓小平文选》第3卷，人民出版社，1993，第356页。
③ 《邓小平文选》第3卷，人民出版社，1993，第355页。
④ 《邓小平文选》第3卷，人民出版社，1993，第137—138页。

义。"[①] 邓小平制定的三步走的发展战略，实际上就是巩固和发展社会主义的战略。他认为，三步走战略与社会主义制度的巩固和发展息息相关。第一步是解决温饱问题，这个目标已经达到了，受到人民的拥护。"中国要真正按计划实现第二个翻番，这也就是社会主义的一个成功。到下个世纪五十年，如果我们基本上实现现代化，那就可以进一步断言社会主义成功。"[②] 邓小平没有把巩固社会主义制度理解为凝固的静止的，而是把它看作是一个动态的辩证的过程。对于初级阶段的社会主义，邓小平一方面指出它"不够格"，另一方面又强调要坚持和巩固社会主义，目的不是要我们安贫乐道，而是强调只有坚持社会主义才能摆脱贫困；同时也只有摆脱贫困，社会主义才够格，社会主义制度才能真正巩固起来。这就是巩固和发展社会主义制度的辩证过程。

4. 警惕右与主要防止"左"：坚持和巩固社会主义的两条战线

社会主义制度从它建立的时候起，就受到"左"和右两方面的干扰。进行两条战线的斗争，既反"左"又反右，有"左"反"左"，有右反右，这是邓小平在巩固和发展社会主义问题上始终强调的一个辩证观点。

首先，"左"和右都可以葬送社会主义。如何认识"左"的干扰和右的干扰的危害，有一种错误的观点认为"左"比右好，因而在思想上和实践上表现为宁"左"毋右。为了使人们正确认识"左"和右的危害，邓小平指出："右可以葬送社会主义，'左'也可以葬送社会主义。"[③] 右的干扰是否定四项基本原则，主张全盘西化，走资本主义道路，其危害性容易为人们所认识。而"左"带有革命色彩，好像越"左"越革命，容易迷惑人。实际上，新中国成立后对我们社会主义事业危害最大、时间最长的是"左"的错误。其主要错误表现为阶段斗争扩大化、制定政策超越了社会主义初级阶段以及在经济建设上急于求成。由于"左"的错误，我们的国民经济在困难时期和"文化大革命"中两次濒临崩溃。所以，"左"和右的干扰都是社会主义事业的大敌，我们决不能掉以轻心。

其次，"中国要警惕右，但主要是防止'左'"[④]。这是邓小平根据中国的具体情况，在反对错误倾向问题上所得出的一个基本观点。这一观点是邓小平

---

① 《邓小平文选》第3卷，人民出版社，1993，第225页。

② 《邓小平文选》第3卷，人民出版社，1993，第320页。

③④ 《邓小平文选》第3卷，人民出版社，1993，第375页。

1992年初在南方谈话中提出来的，但实际上这是邓小平在改革开放过程中的一贯思想。1981年他在《关于反对错误思想倾向问题》中就指出，既要反“左”，又要反右，重点是纠正“左”的错误。1987年他又指出：“我们既有‘左’的干扰，也有右的干扰，但最大的危险还是‘左’。”[①] 不久他又说：“‘左’的和右的干扰，最主要的是‘左’的干扰。”[②] 在社会主义现代化建设中，右的干扰主要是搞资产阶级自由化，搞动乱，主张全盘西化，否定社会主义制度。而把改革开放说成是引进和发展资本主义，认为和平演变的主要危险来自经济领域，这些就是“左”。“左”之所以是主要危险，主要是在社会主义发展过程中，“左”的错误根子深，时间长，已经形成了一种习惯势力。而改革的历史任务，正是要从根本上改变已经形成为体制和习惯的那些束缚生产力的东西。因此，在改革开放的进程中，要警惕右，但主要是防止“左”。这是邓小平在反对错误倾向问题上对辩证唯物主义的两点论和重点论的具体运用。

① 《邓小平文选》第3卷，人民出版社，1993，第229页。
② 《邓小平文选》第3卷，人民出版社，1993，第249页。

实践思考：

反腐败制度建设研究

《中共中央关于全面深化改革若干重大问题的决定》指出："坚持用制度管权管事管人，让人民监督权力，让权力在阳光下运行，是把权力关进制度笼子的根本之策。"因而制度建设是惩治和预防腐败体系的重要组成部分，从制度功能的视角研究反腐倡廉制度建设，对于建设科学、严密、完备、管用的反腐倡廉制度体系具有意义。本课题主要从政治哲学的视角研究制度的本质和功能，揭示制度的反腐功能和作用，分析我国反腐倡廉制度建设现状，并借鉴国外反腐廉政制度建设有益经验，进而提出加强反腐败制度建设的建议。

一、制度及其反腐败的功能和作用

（一）制度的界定

自有人类社会以来，人们就生活在一定的制度之下，制度的必要性和重要性是显而易见的。制度文明是人类文明的重要方面。从一定意义上说，人类社会发展史就是社会制度变迁史。

没有规矩不成方圆。制度最一般的含义是要求人们共同遵守的行为规程或行动准则，是实现某种功能和特定目标的社会组织乃至整个社会的一系列规范体系。从字面来说，“制”有节制、限制的意思，“度”有尺度、标准的意思。这表明制度是节制人们行为的尺度。

制度作为一种客观社会存在，它的产生、存在、变迁都有其深刻的社会根源和客观必然性。制度虽然体现人（群体、阶级、团体等）的意志，但它不是人的意识的产物，而是人类一定交往活动的产物。制度是在社会主体的实践中产生的。社会实践活动首先是生产实践活动，它是以人与人之间的交往为前提的。为了保证交往的实现，交往主体必须通过对交往手段、交往对象、时空条件等因素进行有效的组合，使交往活动按照一定的方式进行。这样，在人的社会实践活动中，便产生人类交往的需要、交往的形式、交往的规则。离开人的社会实践，制度也就失去了存在的必要性和条件。所以，马克思、恩格斯认为：“现存制度只不过是个人之间迄今所存在的交往的产物。”[①] 由此可见，制度就是随着社会实践的发展而发展的规范或影响社会主体（个人、组织等）行为的历史性的社会存在。

制度、体制、机制是三个既有区别又密切相关的概念。“体制”是指国家机关、企事业单位在机制设置、领导隶属关系和管理权限划分等方面的体系、制

① 《马克思恩格斯选集》第 1 卷，人民出版社，1972，第 78 页。

度、方法、形式等的总称。体制，通常指体制制度，是制度形之于外的具体表现和实施形式，是管理经济、政治、文化等社会生活各个方面事务的规范体系。例如经济体制、政治体制、文化体制、社会体制等。制度决定体制内容并由体制表现出来，体制的形成和发展要受制度的制约。一种制度可以通过不同的体制表现出来。例如，社会主义经济制度既可以采取计划经济体制，也可以采取市场经济体制。相对于根本制度和基本制度而言，体制属于具体制度范畴。所以，党的十八大报告就把经济体制、政治体制、文化体制、社会体制等归结为建立在国家根本政治制度、基本政治制度、基本经济制度和中国特色社会主义法律体系基础上的各项具体制度。但是，在一定条件下和一定范围内，基本制度、具体规章制度和体制可以互相转化。“机制”原指机器的构造和运作原理，后借指事物的内在运动方式，包括有关组成部分的相互关系以及各种变化的相互联系。机制，通常指制度机制，机制是从属于制度的。机制通过制度系统内部组成要素按照一定方式的相互作用实现其特定的功能。制度机制运行规则是人为设定的，具有强烈的社会性。如竞争机制、市场机制、激励机制等。从广义上讲，制度、体制和机制都属于制度范畴，既相互区别，又密不可分。因此，制度制约体制与机制，同时，体制与机制又对制度的巩固与发展有着重要作用。

从一般意义上讨论制度的含义，制度可以说是人类追求一定社会秩序的结果，人们力图通过这些制度为自己的生产生活构建一个稳定的空间。从制度的规定性来说，制度首先是一个关系范畴。作为关系范畴，制度是调整社会交往活动主体之间的关系以及社会关系的规则或规范体系。但是对制度所说的“规范或规则体系”有广义和狭义两种理解。对制度的广义理解，制度包括可辨别的正式制度和难以辨识的非正式制度；而狭义的理解则认为制度仅指正式规则。笔者对制度的理解是狭义的理解，即制度仅仅是指正式规则，主要是指由国家或合法组织制定或认可的规范化的制度，不包括道德、风俗、习惯等非正式规则和所谓的“潜规则”。

首先，在现代社会，以法律、法规、规章等形式所构建的社会主体（个人、团体、组织、机构等）行为规范，是制度的社会标识。从制度发生学来说，非正式制度是人类社会的原发性规则。正是通过非正式制度，人们构建了法律出现以前的社会。在这样的社会中，人们依靠风俗习惯、道德、意识形态构建了社会秩序。法制社会与伦理社会相比，是后出现的。社会发展趋势是，人们尽可能地把原来属于非正式制度的社会规范转化为正式的法律规范，使其在规范人们的行为方面具有更大的强制力，使人们在实际生活中有更为明确的规则可以遵循。因此，制度作为一种规范化的调控手段，它要求形式化、明确化，而不是约定俗成和心照不宣。制度建设的目的就是要打破分散的、各异的习俗和惯例，建立统一的社会行动体系。

其次，从制度的作用形式来看，对社会行为主体外在的刚性约束，是制度规范的明显特征。在现代社会，正式制度都是由一定的社会机构、组织、团体等来制定、执行、监督的，对行为主体的规范是刚性的硬约束；非正式制度没有明确的制定者和执行者、监督者，风俗习惯、道德等规范是历史发展和历史积淀的结果，对主体行为的规范是柔性的软约束。非正式规则可细分为由作为外力的社会群体对个人施加的约束和由个人自我施加的约束。在非正式规则中，由个人自我施加的约束是一种自律性的约束，因人而异；由作为外力的社会群体对个人施加的约束虽然也有一定的“强制性”，但它主要表现为社会舆论和习惯势力的压力，并不具备正式规则的刚性强制力。

综上所述，所谓制度，是在一定历史时期，以社会现实状况为基础，由一定社会主体（规则制定者）所建立的调整交往活动主体（制度规范的对象即行为者）之间的关系以及社会关系的具有正式形式和强制性的规则或规范体系。这一定义从制度的历史性即稳定性与变化性的统一、客观现实性和主体选择性的统一、形式与内容的统一等方面对制度所作出的界定。制度按照其性质和范围大体可分为根本制度、基本制度与具体规章制度等层次。

（二）制度的反腐败功能

如“理论探寻”篇所述，人类社会设立制度，为的是调节行为、控制冲突、增强合作、规范社会关系等，从而确定秩序，引导和保证社会或组织、团体的发展方向。作为规范、规则意义上的制度，其功能是对人的社会行为进行控制。控制，就是引导人的社会行为；而引导，既有约束、限制的意义，也包含激励、促使的意思。因此，制度的普遍功能包括约束功能、信息功能、激励功能、形塑功能、整合功能五个方面。

制度的反腐败功能，是制度的普遍功能在反腐败领域的特殊表现。在我国战国时期，思想家和改革家商鞅就论述了制度在治国、治吏中的作用。《商君书·壹言》中写道：“凡将立国，制度不可不察也，治法不可不慎也，国务不可不谨也，事本不可不抟也。制度时，则国俗可化而民从制；治法明，则官无邪。”这里的制度主要指一些礼、俗、法等，但从其发挥教化和规范臣民的作用来看，是和现代“制度”的作用相一致的。其中，“治法明，则官无邪”，说的就是以法律制度规范约束官员，使之不为邪作恶。在现代政治文明中，要建设廉洁政治，就必须充分发挥制度在反腐倡廉中的功能和作用。反腐倡廉制度是一种具体的特定领域的制度形式。反腐倡廉制度除了具备制度的一般功能之外，它在预防和反腐败中还具有以下主要功能。

1. 权力制约监督功能，防止权力异化腐败

腐败是一种滥用公权力谋取私利的现象，其主体是掌握和行使公共权力的人员。制度反腐倡廉的约束功能首先在于对权力和权力主体的规范。一是对权力和权力运行的规范。二是对权力主体及其行使权力的规范。权力具有扩张性、支配性、腐蚀性的一面，不受约束的权力必然导致腐败。制度对权力的约束功能，主要是科学界定公权力的边界和行使规则，合理制衡权力，使国家机构和公务人员按照法定权限和程序行使权力，增强权力行使的规范性和不可违反性，从而把权力关进制度的笼子里，形成不敢腐败的约束机制、不能腐败的防范机制、不易腐败的保障机制。

2. 从政道德规范功能，防止道德失范的作风腐败

从政道德是从政人员的职业道德，关乎公共权力的行使和公众的利益，具有其特殊性，必须有制度上的明确规范。维护还是损害人民的利益，是从政道德的根本问题。制度对从政人员所必备的道德要求提供了明确的规范，为从政行为善恶的评判提供了明确的标准和尺度，使人们有可能对自己的和他人的行为做出客观的预见。在现代政务活动不正当行为多样化、复杂化的情况下，有了这样的标尺，既便于衡量，判明是非，也便于检查监督，有利于防止和及时纠正各种形式的不正之风。

3. 政务行为管控功能，防范和惩治腐败现象

对人的行为进行控制不同于对机器系统的控制，人的行为是由内控指令和外控指令相互作用进行控制的。制度对人的行为控制属于外部控制，它主要通过制度规范和制度的激励功能来实现。制度的激励功能在反腐倡廉中主要是通过奖惩机制体现的。制度的控制功能分为对人的社会行为进行激励、迫使、禁止三种基本类型。在反腐倡廉中，通过构建激励型制度、迫使型制度和禁止型制度，对政务行为进行管控，激励权力主体规范从政，惩戒不良从政行为，从而防范和惩治腐败。

4. 为政价值取向导引功能，营造知荣明耻的制度反腐氛围

制度的制定总是以一定的价值观为导向的。反腐败制度所蕴含和反映的社会主流价值观，对为政价值取向具有导引和形塑功能。反腐败制度以各种明确的规范给为政行为确立了判别是非和荣辱的标准，对为政取向具有强烈的价值导引和形塑功能。为政主体的知荣明耻，即以廉洁为是为荣、以腐败为非为耻，离不开思想教育，也离不开制度的规范。一方面，思想教育的成果需要用制度建设来巩固；另一方面，教育的效果依赖于人们的觉悟，制度的作用则在于强制性。制度以其强制性对为政主体进行教化和形塑，使人们形成一种思维方式和行为习惯，就是想问题、办事情、做决定必须看其是否符合法律法规和其他制度规范的要求，增强制度意识，知荣明耻，见荣思荣，见耻拒耻，在制度上为社会营造以反腐倡廉为价值导向的良好氛围。

（三）制度建设对反腐败的重要意义

1. 制度在反腐败中更具根本性、全局性、稳定性和长期性

以加强制度建设反对腐败，是中国共产党对反腐败历史经验的深刻总结。在改革开放之前，主流观点认为，腐败现象产生的主要原因是资产阶级腐朽思想的侵蚀和个人思想作风的变质；同时认为，只要发动群众，腐败分子就无处藏身。因此，在反腐败方式上主要采取思想教育和群众运动的方式。这些方式在特定历史条件下虽然有其作用，但它是人治而非法治方式，难以避免人亡政息的悲剧。

改革开放后，邓小平总结历史经验教训，精辟论述了制度在治党治国中的重要作用。他指出："我们过去发生的各种错误，固然与某些领导人的思想、作风有关，但是组织制度、工作制度方面的问题更重要。这些方面的制度好可以使坏人无法任意横行，制度不好可以使好人无法充分做好事，甚至会走向反面。……不是说个人没有责任，而是说领导制度、组织制度问题更带有根本性、全局性、稳定性和长期性。"[①] 在谈到制度与思想作风的关系时，邓小平认为："制度问题不解决，思想作风问题也解决不了。"[②] 因此，对待党和国家政治生活中存在的各种问题，包括腐败问题，要从制度方面来解决。

① 《邓小平文选》第 2 卷，人民出版社，1994，第 333 页。
② 《邓小平文选》第 2 卷，人民出版社，1994，第 328 页。

反腐败制度建设是建设社会主义法治国家的重要方面，是完善和发展中国特色社会主义制度，推进国家治理体系和治理能力现代化的需要，它同样具有根本性、全局性、稳定性和长期性。党的十八大以来，党中央更加强调制度在反腐败中的重要作用。习近平在十八届中央纪委第二次全会上强调，要加强对权力运行的制约和监督，把权力关进制度的笼子里，形成不敢腐的惩戒机制、不能腐的防范机制、不易腐的保障机制。这一重要论述，深刻揭示了制约监督权力的基本路径，凸显了制度建设在规范权力运行、防治腐败中的根本作用，对建设廉洁政治具有重要指导意义。这表明中国共产党对反腐败成败之关键因素的认识达到了新的高度，走出了认识上的误区，从而把反腐败工作的重点转到制度建设上来。这是对马克思主义关于反腐败理论的丰富和发展。

加强制度建设，构建不敢腐、不能腐、不想腐的有效机制，是反腐败的根本之道。

因此，世界上腐败指数较低的国家均将制度建设作为反腐败工作的根本任务。实践证明，反腐败要借鉴古今中外一切优秀政治文明成果，汲取世界各国反腐败经验，坚持从中国实际出发，建立健全惩治和预防腐败的制度体系，开拓新形势下中国特色社会主义的反腐倡廉之路。

2. 建立健全惩治和预防腐败的制度体系是反腐败根本之策

反腐败的目的是通过规范公职人员的行为方式把腐败降到最低限度，惩治腐败分子只是治标之策，通过体制改革和制度创新从源头上预防和治理腐败才是治本之策。加强制度建设，推进体制改革，铲除滋生腐败的土壤，是从源头上解决腐败问题的有效途径。习近平总书记指出：“‘善除害者察其本，善理疾者绝其源。’铲除不良作风和腐败现象滋生蔓延的土壤，根本上要靠法规制度。我们党长期执政，既具有巨大政治优势，也面临严峻挑战，必须依靠党的各级组织和人民的力量，不断加强和改进党的建设、管理、监督。只有建好制度、立好规矩，把法规制度建设贯穿到反腐倡廉各个领域、落实到制约和监督权力各个方面，发挥法规制度的激励约束作用，才能筑起遏制腐败现象滋生蔓延的‘堤坝’，才能推动形成不敢腐、不能腐、不想腐的有效机制。”①

① 中共中央纪律检查委员会、中共中央文献研究室编《习近平关于严明党的纪律和规矩论述摘编》，中央文献出版社、中国方正出版社，2016，第61页。

铲除不良作风和腐败现象滋生蔓延的土壤，为什么根本上要靠法规制度？这是由法规制度的性质和特点决定的。一是法规制度是人民意志的体现。腐败的本质是没有正确行使人民赋予的权力，从而违背人民意志的行为。要从根本上解决腐败问题，就必须保证权力按照人民的意志来行使，根本出路就在于使社会主义民主制度化、法律化。二是法规制度具有强制的规范性。我们知道，对人的行为约束方式主要有自我约束、社会舆论约束、制度约束。制度约束的特点是外部强制性约束，而不是说服。之所以如此，是由于人类行为具有能动而复杂的特征，需要不同的制度规则对各种可能的具有负面结果的行为提供约束。法规制度既能从根本上规范人们的行为，防止和减少人们行为的随意性，堵住产生腐败现象的漏洞，有效减少腐败滋生的条件，起到防患于前的作用；又能惩治腐败，起到惩戒于后的作用。三是制度具有根本性、全局性、稳定性和长期性。运动式反腐和权力式反腐，其特征是人治。人治的特点是因人而异，人亡政息。制度则具有根本性、全局性、稳定性和长期性，它不因领导人的改变而改变，不因领导人的看法和注意力的改变而改变。因此，依法治党、治国、治吏，用制度管权、管事、管人，是反腐败的根本之策。

3. 反腐败的关键是把权力关进制度的笼子里

当前我国正处于全面深化改革和社会深刻变革的历史时期，客观上存在诱发腐败的多方面因素，从我国社会腐败现象来看，权力是腐败的轴心，体制机制的缺陷、制度管理的漏洞是腐败产生和存在的主要原因。从根源上说，腐败是权力失去制约和监督而导致的权力滥用、以权谋私行为。把权力关进制度的笼子里，就是用制度监督、规范、约束、制衡权力，使权力运行纳入制度轨道，保证权力正确行使而不被滥用，这是反腐败的关键所在。之所以如此，正如习近平所说的："腐败的本质是权力出轨、越轨，许多腐败问题都与权力配置不科学、使用不规范、监督不到位有关。"① "如果法治的堤坝被冲破了，权力的滥用就会像洪水一样成灾。"②

科学而完善的制度体系之所以能把权力关进制度的笼子里，在于制度规范明确而科学，在于制度的权威性和强制性。把权力关进制度的笼子里，就是要

① 中共中央纪律检查委员会、中共中央文献研究室编《习近平关于严明党的纪律和规矩论述摘编》，中央文献出版社、中国方正出版社，2016，第63页。

② 中共中央纪律检查委员会、中共中央文献研究室编《习近平关于严明党的纪律和规矩论述摘编》，中央文献出版社、中国方正出版社，2016，第59页。

依法设定权力、规范权力、制约权力、监督权力。为此，习近平说："反腐倡廉法规制度建设要围绕授权、用权、制权等环节，合理确定权力归属，划清权力边界，厘清权力清单，明确什么权能用、什么权不能用，强化权力流程控制，压缩自由裁量空间，杜绝各种暗箱操作，把权力运行置于党组织和人民群众监督之下，最大限度减少权力寻租的空间。"①

由此可见，抓住把权力关进制度的笼子里这一反腐败关键，依靠制度惩治和预防腐败，充分发挥制度在反腐倡廉中的根本性基础性作用，努力推进反腐倡廉工作制度化、规范化、法制化，不断完善反腐败法规制度体系，对于全面依法治国、全面从严治党，反对腐败，建设廉洁政治，具有重要的现实意义和深远意义。

二、我国反腐败制度建设的现状分析

（一）制度建设稳步推进，反腐倡廉制度体系逐步形成

依靠制度惩治和预防腐败，是中国共产党坚持依法执政、依法治国的必然要求，是做好反腐倡廉工作的重要保证。党中央坚持标本兼治、综合治理、惩防并举、注重预防的方针，坚持依法治国基本方略，重视发挥法律法规制度的规范和保障作用，不断推进反腐败和廉政建设法制化、规范化。在全面推进惩治和预防腐败制度体系建设中，按照建立健全惩治和预防腐败体系的目标，以宪法为依据，制定了一系列反腐倡廉法律法规；以中国共产党章程为依据，制定了一系列中国共产党党内制度规定，逐步形成内容科学、程序严密、配套完备、有效管用的反腐败和廉政建设法律法规制度体系。

---

① 中共中央纪律检查委员会、中共中央文献研究室编《习近平关于严明党的纪律和规矩论述摘编》，中央文献出版社、中国方正出版社，2016，第 63 页。

1. 党内监督制度体系逐步形成

完善对权力制约和监督的法规制度，形成结构合理、配置科学、程序严密、制约有效的权力运行机制，是从源头上防治腐败的重要途径。在科学总结党内监督实践经验和理论研究成果的基础上，2003 年 12 月 31 日，党中央颁布了《中国共产党党内监督条例（试行）》。这是我们党有史以来第一部系统规范党内监督工作的基本法规。为了保证该条例的有关规定在实际工作中得到更好的贯彻落实，中央纪委和中央有关部门还进一步细化了各项具体监督制度。2004 年，中央纪委会同中央组织部制定了《关于中共中央纪委、中共中央组织部巡视工作的暂行规定》；2006 年，中央纪委制定了《关于中共中央纪委派驻纪检组履行监督职责的意见》；2007 年，中共中央办公厅印发了《地方党委委员、纪委委员开展党内询问和质询办法（试行）》。与此同时，中央有关部门制定发布了《中国共产党巡视工作条例（试行）》《关于对党员领导干部进行诫勉谈话和函询的暂行办法》《关于党员领导干部述职述廉的暂行规定》《加强和改进舆论监督工作的实施办法》等一系列规定，对党内监督的各项具体工作进行规范和完善。

保障党员民主权利，是建立健全党内民主制度的基础，同时也是监督和制约权力的重要措施。根据新的形势，中央纪委对《中国共产党党员权利保障条例（试行）》进行了修订，2004 年 9 月 22 日，中央颁布《中国共产党党员权利保障条例》，该条例的修订和实施是新形势下发展党内民主，维护党员权利的重大举措，有利于进一步发挥广大党员和党组织的积极性、主动性，有利于加强对权力的监督和制约，不断增强党的创造力、凝聚力和战斗力。

这些法规制度的颁布实施，标志着以党章为核心，以监督条例为主干，以配套规定和其他监督规范为重要补充的党内监督制度体系已经初步形成，并且在不断完善和深化，有效规范权力运行的监控机制逐步建立。

2. 从政行为制度不断健全完善

为规范领导干部廉洁从政行为，中国共产党制定了一系列党员领导干部廉洁从政的行为准则和道德规范，建立健全防止利益冲突制度。1997 年开始试行、2010 年修订实施的《中国共产党党员领导干部廉洁从政若干准则》，明确提出严禁党员领导干部违反规定私自从事营利性活动、利用职权和职务上的影响谋取不正当利益等，比较全面地规范了社会主义市场经济条件下党员领导干部的廉洁从政行为，成为规范党员领导干部从政行为的基础性党内法规。针对权钱交易案件中出现的新情况新问题，2007 年颁布《中共中央纪委关于严格禁止利用职务上的便利谋取不正当利益的若干规定》，明确了对党员干部在经济和社会交往中可能出现以权谋私等 8 种行为的处理办法；2009 年颁布《国有企业领导人员廉洁从业若干规定（试行）》，明确提出严禁国有企业领导人员利用职权为本人或特定关系人谋取利益以及损害企业权益等行为。为规范领导干部廉洁从政行为，颁布了《关于对党和国家机关工作人员在国内交往中收受的礼品实行登记制度的规定》，明确要求党和国家机关工作人员不得收受可能影响公正执行公务的礼品馈赠；制定了《关于领导干部报告个人有关事项的规定》，要求领导干部如实报告本人收入，本人及配偶、共同生活的子女房产、投资，以及配偶子女从业等情况；制定了《关于对配偶子女均已移居国（境）外的国家工作人员加强管理的暂行规定》。这些规定，对维护国家利益、依法依纪加强对党员和国家工作人员的管理，提高领导干部廉洁从政意识，具有重要作用。

为确保公共权力的正确行使，我国制定了一系列法律法规制度，以加强对领导干部行使权力的制约和监督。2007 年施行的《中华人民共和国各级人民代表大会常务委员会监督法》，以法律形式对各级人民代表大会常务委员会加强对同级人民政府、人民法院和人民检察院行政权、审判权、检察权的监督做出规定。还制定了《中华人民共和国行政监察法》《中华人民共和国审计法》《中华人民共和国行政复议法》《中华人民共和国行政诉讼法》等法律，建立了行政监察、审计监督、行政复议和行政诉讼制度，加强对行政机关及其工作人员的监督。

这些法规制度的制定和实施，进一步完善和健全了规范国家工作人员从政行为的制度体系，对提高广大领导干部廉洁自律意识，规范从政行为，从源头上防治腐败起到了重要作用。

3. 违纪违法行为惩处制度更加充实

违纪违法行为惩处制度是反腐倡廉法规制度体系的重要组成部分，充实和完善违纪违法行为惩处制度，是严格依纪依法办案，严厉惩治腐败行为的必然要求。为依法依纪惩治腐败，我国制定并不断完善包括刑事处罚、党纪处分和政纪处分在内的惩处违法违纪行为的实体性法律法规。在刑事处罚方面，通过制定和修订《中华人民共和国刑法》，规定了贪污罪、受贿罪、行贿罪、失职渎职罪、巨额财产来源不明罪等腐败犯罪的刑事责任，最高人民法院、最高人民检察院发布了相关司法解释，使之成为惩治腐败犯罪的重要法律依据。在党纪处分方面，2003 年中共中央颁布的《中国共产党纪律处分条例》及其配套规定，具体规定党员违反廉洁自律规定行为、贪污贿赂行为、违反财经纪律行为等违犯党纪行为及其量纪标准，明确警告、严重警告、撤销党内职务、留党察看和开除党籍 5 种党纪处分。在政纪处分方面，2007 年国家颁布《行政机关公务员处分条例》。它是新中国成立以来第一部全面、系统规范行政处分工作的行政法规。条例具体规定政纪处分原则、权限以及各类违纪行为及其量纪标准，明确警告、记过、记大过、降级、撤职、开除 6 种政纪处分。此外，2006 年，监察部还会同国家环保总局制定出台了我国第一部关于环境保护违法违纪行为处分方面的专门规章《环境保护违法违纪行为处分暂行规定》；会同国家安全生产监督管理总局制定出台了《安全生产领域违法违纪行为政纪处分暂行规定》，弥补了我国安全生产政纪处分部门规章方面的立法空白。2007 年，《安全生产领域违纪行为适用〈中国共产党纪律处分条例〉若干问题的解释》发布实施。这是自《中国共产党纪律处分条例》颁布实施以来，中央纪委第一次对某一领域违纪行为如何适用《中国共产党纪律处分条例》进行系统解释。这些规章制度的颁布实施为有效惩治环境保护违法违纪行为和安全生产违法违纪行为提供了有力的法规依据。

4. 制度建设工作视野不断开阔

拓宽反腐倡廉制度建设工作的视野，是构建反腐制度体系的需要。为保证实体性法律法规的执行，我国注重程序性法律法规建设。国家立法机关、司法机关和有关部门制定了《中华人民共和国刑事诉讼法》《人民检察院刑事诉讼规则》《监察机关调查处理政纪案件办法》等法律法规，中国共产党颁布《中国共产党纪律检查机关案件检查工作条例》等规定，对违法案件和违纪案件的受理、调查、审理和申诉工作予以规范，并建立证人和举报人保护制度、案件移送和协调配合制度以及被告人和受处分人权利保障制度。

我国还制定了一批与预防腐败密切相关的法律法规。制定《中华人民共和国行政许可法》，规范行政许可的设定和实施，保障和监督行政机关有效实施行政管理。制定《中华人民共和国公务员法》，规范公务员的管理，加强对公务员的监督，促进勤政廉政。制定《中华人民共和国政府采购法》《中华人民共和国反垄断法》《中华人民共和国招标投标法》，规范行政自由裁量权，发挥市场在资源配置中的决定性作用，有效防止腐败行为的发生。制定《中华人民共和国法官法》《中华人民共和国检察官法》《中华人民共和国人民警察法》，明确规定司法工作人员的任职条件、管理方式和监督措施，强化了廉洁司法的要求。各地区各部门也依据宪法和国家法律，制定了与反腐败相关的地方性法规、地方政府规章和部门规章，补充和完善了我国反腐败和廉政建设的法律法规制度体系。

近几年，我国监察部多次派员参与《联合国反腐败公约》（以下简称《公约》）的谈判起草工作。我国签署《公约》后，根据中央的要求，积极组织力量研究实施《公约》问题，配合有关部门完成了批准公约的相关法律程序。此后，又继续组织协调有关部门全面启动和稳步推进《公约》与我国法律制度相衔接的有关工作。

5. 推进制度建设工作规范化科学化

1990 年，党中央颁布了《中国共产党党内法规制定程序暂行条例》，通过实践和修订完善，2013 年 5 月，经中共中央批准，《中国共产党党内法规制定条例》（以下简称《制定条例》）及《中国共产党党内法规和规范性文件备案规定》（以下简称《备案规定》）对外公布。《制定条例》及《备案规定》对党内法规的制定、审查、评估、备案和清理做出明确规定，使中国共产党有了第一部正式和公开的党内“立法法”，对推动党内法规建设的规范化科学化具有重要意义。

为创新制度，提高制度建设的科学化水平，从 2002 年开始，中央纪委、监察部会同有关单位，用两年多时间，对改革开放以来涉及党风廉政建设和反腐败工作的 1500 余件法规和规范性文件进行了全面清理，发文废止了其中 115 件法规和规范性文件，将现行的 1100 余件党风廉政和反腐败法规制度进行汇编，出版了《党风廉政和反腐败现行法规制度全书》。2012 年 6 月，中央批准印发《中共中央办公厅关于开展党内法规和规范性文件清理工作的意见》，正式启动了集中清理工作。按照“由近及远、先上位后下位”的思路，第一阶段（2012 年 7 月至 2013 年 9 月），清理 1978 年至 2012 年 6 月制定的党内法规和规范性文件。2013 年 8 月，《中共中央关于废止和宣布失效一批党内法规和规范性文件的决定》发布。根据这一决定，1978 年以来制定的党内法规和规范性文件，有 300 件被废止和宣布失效，467 件继续有效，其中 42 件将做出修改。从 2013 年 10 月开始，清理工作进入第二阶段，清理新中国成立至 1978 年前制定的党内法规和规范性文件，全部清理工作于 2014 年 12 月底前完成。按照中央要求，要建立健全清理工作长效机制，既重视定期的集中清理，也重视日常的即时清理，实现清理工作的制度化、规范化。

为全面了解法规制度的实际执行效果，准确掌握法规制度建设工作的成效和不足之处，提高法规制度建设工作的质量和水平，中央纪委积极探索开展立法后评估工作，已进行评估的有《中国共产党纪律处分条例》。通过立法评估，法规制度建设工作领域从法规的制定拓展到法规的实施，将法规制度的实施效果和法规制度的制定有机结合起来，提高反腐倡廉制度建设工作的科学化水平。

（二）当前我国反腐倡廉制度建设存在的问题

反对腐败、建设廉洁政治，是中国共产党一贯坚持的鲜明政治立场。我国坚持中国特色反腐倡廉道路，针对反腐倡廉工作中出现的新情况新问题，制定出台了一系列法规制度和规范性文件，为构建反腐倡廉法规制度体系奠定了基础，为惩治和预防腐败，提供了有力的制度保障。但是，在我国反腐倡廉法规制度建设中也存在一些亟待解决的问题。

1. 顶层设计和整体谋划不足，制度建设碎片化

制度体系的顶层设计和整体规划，是反腐倡廉制度建设统一性、系统性、权威性的重要保障。内容协调、程序严密、配套完备、有效管用，是法规制度体系顶层设计的总体要求。反腐倡廉法规制度建设缺乏顶层设计和整体谋划，势必会造成制度体系建设不能统筹兼顾和整体协调推进。这方面的问题主要表现在法规制度之间关联性不强，衔接不好；法规制度不健全，存在盲点；制度杂而不精，层次多，效力弱。一是有些制度规定层次太多，形态散乱。譬如，当前党内关于廉洁从政的相关规定就散见于各种文件、规定和领导讲话中，有的是党内提醒，通常以“重申”的形式出现，有的是文件通知，有的是党内法规，等等，缺乏整体的设计和谋划。二是对同一问题重复发文规定。在制止公款吃喝等问题上，中央出台很多文件，各地每年重大节日前夕都要三令五申。这种就相同问题屡次发文、反复强调的碎片化做法，反映了制度自身的无力，容易造成法不责众的麻木心理和我行我素的思维惯性，制度的威信受到影响。

2. 制度的系统性协调性不够，整体效能不高

从系统论的观点来说，制度建设要体现各项反腐倡廉法规制度“于法周延”的原则。“于法周延”是指注重制度的系统性，使得各项制度相互衔接、系统配套。反腐倡廉法规制度建设是一个特殊领域的法规制度建设。反腐倡廉制度建设要做到于法周延，一是各项反腐倡廉法规制度之间不能脱节或相互扯皮，必

须有效关联、彼此关照、相互配合，这样才能对人们的行为提供明确有序的指导；二是各项反腐倡廉法规制度要同国家层面的法律体系有效衔接，形成互补互动关系。当前反腐倡廉制度建设重治标轻治本、重应急轻常态、重事后补救轻事前预防，在总体上所欠缺的正是关联性、系统性，造成各项制度未能很好地相互衔接、系统配套。其中，一些领域和环节的主体制度虽然相对比较完善，但与其配套的实施办法或措施不够完备。同时，制度建设中注重实体性，忽视程序性；注重单体性，忽视系统性；注重宏观性，忽视微观性等问题也比较突出。许多案件的发生，就是由于制度的配套性较差，使违纪违法人员有可乘之机。

3. 重稳妥轻适时，制度建设滞后

制度具有稳定性，但也要随着客观情况的变化而改变的，是静态和动态的统一。这是制度建设的适时性、及时性问题。所以古人说："法不察民之情而立之，则不成；治宜于时而行之，则不干。故圣王之治也，慎为、察务，归心于壹而已矣。"[①] 从制度建设的适时性、及时性来说，当前的主要问题有：一是立法的前瞻性和预见性不够。由于前瞻性和预见性不够，有关部门在制定出台法规制度时，过多地求全求稳，忽视实际需求的急迫性，制定出台法规制度明显滞后。同时，法规制度出台后，对实践中可能出现的问题缺乏前瞻性和预见性，没有及时制定相关的配套制度和保障制度，影响制度的执行效果。就现有的制度看，往往是在某一腐败问题发展成带普遍性和全局性的问题时，有关部门才组织力量制订有关制度，一方面造成问题积重难返，另一方面应急的规定和措施由于没有统筹考虑，往往造成有的制度内容冲突，相互矛盾，导致一些制度不能适应形势的要求。二是制度建设缺少事中纠偏、事后补救机制。一些法规、制度的内容没有随着形势的新发展进行修订完善，及时剔除失效的法律法规，整理合并有效的法律法规，致使有些制度落后于实践。三是对一些新兴的或我们不熟悉的领域（如党员领导干部参与直销、期货交易、房地产炒作、土地出让等），党风廉政和反腐败的法规制度比较少，而且不具体，缺少可操作性，有的甚至是空白，无法可依。四是对在新形势下仍然管用的制度，遇到了新的问题，没有根据新的情况和新的要求抓紧修订完善。制度建设与实践发展的这种落差，影响了制度建设的及时性、有效性和科学性。

---

① 商鞅：《商君书·壹言》。

4. 理论研究不足，观念滞后

制度的制定与执行、成熟与巩固、修订与变迁都有其规律，因而需要树立现代法制理念，加强制度建设的理论研究和技术研究。在这方面，反腐倡廉法规制度建设存在理论研究不足，观念滞后的问题。首先，对腐败现象产生原因的理论研究和探讨不够。对腐败现象产生原因的理论研究，涉及权力理论、人性理论、行为学、腐败心理学等方面的研究，既有基础理论问题，也有应用理论问题。政治领域的腐败现象，归根结底，是和公权力密切联系在一起的，是公权力运行的必然伴生物。由于权力的本性和人性自身的弱点，有公权力，就有产生腐败的可能；公权力缺乏约束，必然产生腐败。但是，受以往思维定式的束缚，往往把腐败看作是来自外部的腐蚀，把腐败现象归因于剥削阶级思想的影响，而与权力没有必然联系。这种观念势必影响制度建设的总体思路和整体设计。其次，对制度的特点、作用和功能的研究和探讨不够。邓小平认为，制度问题更带有根本性、全局性、稳定性和长期性。之所以如此，是因为制度具有不同于其他社会规范的特点、作用和功能。研究制度在反腐败中的特点、作用和功能，才能把握好制度这个反腐败的关键。同时，只有把握好各项制度在反腐败中的特点、作用和功能，才能构建功能完备的制度体系，形成制度的整体合力。当前反腐败制度建设存在盲点、零散、重复等现象，没有形成制度体系合力，就是没有充分认识和了解各项制度在反腐败制度体系中的特点、作用和功能及其相互关联、相互作用。再次，对制度建设的技术路线研究和探讨不够。制度建设理论是一门科学。要提高制度建设的科学化水平，需要多方面的条件和努力，但加强制度建设的技术路线研究和探讨是一个重要方面。由于对制度建设的技术路线研究和探讨不够，一些法规缺乏充分的调研和论证，为了应急而匆促起草和颁布，因而在反腐败制度建设中出现了制度出台快与制度滞后并存、制度多而淘汰率高的悖论现象，影响了制度的科学性和权威性。

三、国外反腐廉政制度建设经验借鉴

古今中外，腐败都不是偶然的现象，而是一种普遍现象，即便在当代一些相对清廉的国家，腐败仍然无法被根除，区别在于程度不同而已。因此，反腐败是全球性的研究课题，它与哪个阶级掌握政权没有必然的关系。各国反腐廉政制度建设的成功经验，是人类政治文明发展的积极成果。在经济全球化的条件下，坚持从我国国情出发，借鉴国外反腐廉政制度建设的有益经验，对我国反腐倡廉制度体系建设是大有裨益的。

（一）国外反腐败制度建设的经验

1. 瑞典

（1）监督监察制度。

国际反腐败专家认为，瑞典一是拥有健全的制度和严密的监督，让腐败不太容易得逞；二是腐败行为一旦被发现、查处，涉案官员将为此付出惨重的代价，除丧失优厚的经济收入和福利保障外，私营机构也不愿雇佣。此外，谁要是背负腐败臭名，将被视为缺乏诚信、丧失道德无法在社会立足，连整个家庭、家族都难以抬起头来，本人甚至不被家族接纳。这种以廉为荣、以贪为耻的道德传统和社会氛围，对瑞典官员有着极大的影响力和约束力。在瑞典，不仅仅对中央政府高层人物严厉监督，对每一名政府官员都有严格的清廉要求和严密的监督，从一般公务人员到政府首脑，都不允许搞特权。马尔默市一名主要官员仅仅是应好友邀请去南非度假，其间住在了好友的别墅内，回国后被控涉嫌收受商业贿赂。虽然检方并没有实质性的证据，但是检察官认为该官员的南非之旅有导致权钱交易的可能性，单凭这一点，即可提起公诉。这个案子让很多外国人觉得难以理解，但瑞典人却认为理所当然。

（2）诚信制度建设。

在瑞典，公民重视诚信的品质，政府也很重视公民的诚信制度建设。国家通过信息联网，将每一位公民的诚信记录在案，一个人如果有不良行为，就会作为污点被如实记录下来，并在求学、就业、晋级时产生应有的影响。一名在瑞典取得博士学位的中国留学生，在申请一家著名跨国公司职位的考试中，笔试、面试均拔得头筹，其他条件也很优秀，但最后还是落选了。总裁告诉他，未被录用的原因，是他在求学时有两次乘车逃票的记录——虽然时间相隔一年多，但还是被照录案底。

（3）政务公开制度。

瑞典是世界上第一个执行政务公开的国家。早在1766年，瑞典议会就确立了政务公开的原则。根据这项原则，任何一位瑞典公民都有权查阅任何一个政府部门的文件（涉及国家安全的除外），包括财务文件；公民还有权查阅任何公务人员乃至国家元首的财产与纳税情况。如果有人想知晓某一位官员的收入和纳税信息，可以到国家税务署申请查询；如果他怀疑某一名官员公款私用或挥霍公共资金，就可以向有关机关或媒体举报，随后就会有检察官跟进调查。

透明与公开是瑞典政治领域的重要原则，集中起来有三种表现。一是制定规范的政党筹款制度，实行按照得票的数量对政党进行补贴的政策，个人向候选人捐款有明确限额并向社会公开。二是把政务官与事务官分开，占职位少数的政务官通过选举由党派轮流充任，占职位多数的政府官员由考试录用，不受政务官更迭的影响。三是政府信息公开，在这一点上，瑞典声名卓著。

在这样的制度面前，瑞典政府的政务运作和经济运作都非常透明，被国际社会称为“透明政府”和“透明经济”。瑞典建立了严格的招标投标制度，即使是私人出售财产，比如出售房屋、汽车等，也要招标。在其他国家，啤酒生产商用销售提成鼓励商家促销他们的酒，或者出钱请商家把他们的酒摆放在显著位置，都是很平常的销售手段，但这些在瑞典都是不允许的。

（4）监督检举制度。

监察专员制度是瑞典人的首创。1809年，瑞典就设立了议会监察专员，具有很强的独立性。监察专员如何办案，不仅上司不能命令或指示，就是首相也无权指挥或操纵。监察专员的产生来自议会选举，监察机构的运作资金直接来自议会拨款，这就从根本上摆脱了政府的控制。因此，监察专员可以在不受外界干扰的情况下，依照法律独立行动。

瑞典政府充分发挥媒体和民众的监督作用，营造社会监督的氛围。在瑞典，反腐败决不仅仅是监察专员、检察官和法官的事，而是全民关注的事情。报纸、电视等媒体可以通过新闻报道、转播、调查、评论等，对政府有关行为操守进行批评和监督，并进行揭露和曝光。2006 年 9 月，瑞典新内阁组建才十几天，就有两个大臣由于多年前漏缴电视费等问题被媒体曝光，不得不引咎辞职。

社会团体对政府机关及其官员监督也非常严厉。在瑞典，90％的公务员分别参加蓝领、白领及高级公务员工会，工会代表公务员利益，一旦发现政府有不良行政行为，就会进行公开的批评，甚至罢工或示威游行。

（5）财产申报制度。

属于瑞典首创的还有官员财产申报制度。它是世界上最早实行财产申报和公开制度的国家。早在 1766 年，瑞典公民就取得了查阅所有官员财产和纳税状况的权利，任何公民都有权查看首相的财产及纳税清单，这个制度一直延续下来，迄今已经 200 多年。后来，瑞典规定包括公职人员在内的所有公民和团体，都必须向税务部门公开自己的财产和收入明细，并接受所有人的查询。每个公务员在任职之初，必须详细申报个人财产，包括其担保人或家庭成员所拥有的投资和利息情况；若财产在任职后有所变动，应自动填写变动财产申报清单，并注明变动原因。政府部门职员也必须填报个人财产申报表，申报财产如果说不清来源，特别是在有关部门调查时，不能说清合法来源，这部分财产就会被推定为贪污所得。任何人都不允许开匿名账户，因而一旦某位官员的账户上出现了不明进项或不正常消费，民众随时随地都能查询。

（6）腐败惩治制度。

瑞典对惩治腐败有严格的法律制度。瑞典在 1977 年修改了刑法关于受贿罪的规定，将贿赂犯罪的主体由原来的公务员扩展到企业的职员。1999 年，瑞典再次对该条款做出修改，使贿赂犯罪的主体扩展到瑞典籍欧盟委员会成员、欧洲议会成员和欧盟法庭的法官。瑞典《反行贿受贿法》将贿赂犯罪的起点额定得很低，规定收受价值超过 200 瑞典克朗（约 200 元人民币）的礼物就可被视为腐败。更严厉的是，外国的公务人员或企业雇员在瑞典行贿或受贿，瑞典刑法对其同样适用。瑞典对受贿犯罪的惩罚，视情节而定。情节轻微的，可以判处罚款或二年以内的监禁；重者可判处最少六个月和最多六年的监禁。但是，对行贿罪的处罚，没有轻重之分，一律判处罚款或二年以内的监禁。

2. 芬兰

（1）制度设计的公开透明原则。

公开透明是芬兰独特制度体系最重要的理念和原则。芬兰宪法规定，公众有权利听取政府任何人员的意见和建议，即便很小的决定，也可以公开听取；公众有权利接受合理决定，但政府必须给予公众一定理由，讲为什么做出决定，让公众理解、明白；公众有权利申诉，政府部门采取的任何决定，公民都可以申诉。这种透明的理念和原则在经济社会生活中的充分体现，有效地防止腐败现象的发生。芬兰议会开会的日期和时间由总统向社会发布，议会全体大会及其辩论过程都向公众开放，公众可以不论身份、年龄、国籍不被查验证件地自由出入大会现场，可以随意观摩、记录大会情况，每个议员的座席固定，议员投票的详细情况都相应地在显示屏上显示，随时接受监督。政府实行信息公开和财产申报制度，实行金融实名存款制度和官员财产信息公开制度，任何人都不能开设匿名账户，税收当局有权了解全国所有账户的情况。每个公民和团体的收入及财产（资产）情况包括所有公职人员所代表的利益团体，每年都要在纳税表上公布，任何人都可以到税务部门查询。根据芬兰《公开法》，国家预算及各部门预算建议在通过之前必须在互联网上公布，除法律规定的军事秘密文件外，政府档案馆及公共部门的所有档案对社会开放，公民需要时可以通过这一途径了解政府部门的有关情况。

（2）制度规范具体而严格。

芬兰对公务员的管理十分严格，具体制度规范以细致见长，没有弹性，易于执行、便于监督。在公务接待方面，政府制定了全国统一的招待标准，每顿饭一律为一菜一汤一饭，除此之外加菜或烟酒的费用通过电脑网络列出清单，点了什么菜、招待了什么人、花了多少钱都一清二楚。在公务出差方面，芬兰各部门每年都有固定计划，出差目的、期限和报销数额都有规定。部局级高官出访，因为涉及重要政务，要总理或议会批准。不允许计划外的出访，更不允许利用考察的名义出国游玩，对方出钱也不行。为防止公务人员公私不清，政府各部委议会、军队等部门均设有专职的管理员，替出差人订购旅馆和车船机票。在公车管理方面，除总统外，芬兰整个公务员系统中只有总理、外交部长、内务部长和国防部长 4 人享有固定的专用公车待遇，且只能在上班时使用。其他人公务用车需临时申请。议员们到议会开会，一般都骑自行车。在公务往来方面，芬兰规定公务员接受小礼品的价值一般不得超过 20 欧元，超出一律上缴或者自己花钱买下。这个标准相对于高物价水平、高工资福利的该国来说，起点是很低的。芬兰对受贿罪的判罚，只要公务员的行为会削弱公众对政府行为的公正性的信心，就能构成刑罚的条件。接受金钱、珠宝、家用电器、低利息贷款、免费旅行等都可被视为接受贿赂，甚至接受荣誉头衔和有关部门的推荐也可能被视为受贿。

（3）制约监督制度。

芬兰的腐败案件少，各种行之有效的制约监督机制起着十分重要的作用。权力之间的相互制衡和无处不在的监督，有效抑制公职人员的腐败动机和侥幸心理，使制度得到严格执行。芬兰的国家立法权由议会和总统共同行使。一院制的议会作为国家最高权力机关和立法机关，主要职能是立法、监督政府、监督财政，通过弹劾制度和问责制对行政权力进行制约。议会对预算的审查和监督十分严格，资金变通使用的弹性空间很小。政府的采购合同、工程合同都须经过议会批准。

在监督制度方面，设立专职监督职位。议会监察官和政府司法总监是芬兰国家和政府机构中的最高督查官员。芬兰宪法规定，由议会监察专员独立行使监督权，并设立了议会监察专员署。该职位的设立最早可追溯到18世纪。到20世纪20年代，芬兰根据瑞典模式开始设立议会监察官。芬兰议会设有一名监察官和两名副监察官，由议会选举产生，一般从无党派且熟悉法律、秉性正直、社会威望高的知名人士中选出，通常是律师或法官。议会监察专员监督内阁和总统执行公务的合法性，监督法院和行政机构以及公共团体的工作人员的奉公守法情况，有调查权、视察权、建议权和起诉权，除每年向议会报告工作外，日常工作不受议会指挥。芬兰政府有一名司法总监和两名副司法总监，由总统任命。根据宪法，政府司法总监可以出席内阁会议，监督政府所做决定是否合法，同时对政府各级官员进行监督，并有权随时要求政府官员对自己的行为做出解释。司法总监接受和审理普通公民、团体对公职人员的举报，并对案件进行调查；对官员的不当行为提出警告；对严重违法的官员提出起诉。司法总监还可以根据舆论和媒体透露的有关情况立案调查。

行政首长集体决策制度和审查官制度，是芬兰政府防止腐败的两道关口。自17世纪以来，集体决策就在芬兰流行。芬兰人认为，如果决策机构只有一个人说了算，就容易导致腐败。行贿者会集中其所有资源和智慧贿赂该决策者。相反，如果集体决策，行贿难度和风险都大大增加。此外，政府机构都设有审查官。行政首长在决策过程中，如果出现疑问或失误，审查官可以对该决策提出质疑，并进行独立调查。部长可以不顾审查官的异议而通过某项决策或制定某项规定，但没有审查官的签署，该决策不受法律保护。芬兰政府为公民提供了各种机会，让每一个人都可以对政府官员的工作进行监督。总统府门口没有警卫，只有一个秘书负责接待，总统能够随时应约与任何公民进行平等交谈。新闻媒体的监督作用也十分明显。

（4）腐败惩治制度。

芬兰刑法中并未提及腐败，而是使用了行贿受贿一词。芬兰从未有过专门反腐的法律或机构，腐败被视为刑事犯罪的一种，是政府无能或政治腐化的体现。因此，不同层次的法律、规章或监督体制都可以对腐败加以纠正。从宪法、刑法、民法、行政管理法到伦理道德都可用来反腐败。行贿受贿在芬兰受到的惩罚以罪行严重程度划分，从一般性罚款到判处最高达 4 年的监禁。公务员如果被指控受贿，罪名成立，将被立即免职。法律还禁止芬兰公司在国外通过行贿来促进其产品出口。政府和议会分别设立财政监察局和国家财物检察官，对政府和国家的各项开支实行经济监督。譬如，使用公款进行设备购置是否符合规定，所购商品价格、质量在多种报价中是否为最佳选择，政府官员是否用公款采购和营私舞弊等。

在芬兰，对行政当局的起诉须由专门的行政法院来处理，以保护公民免受行政权力的侵害。议会也有监督职责。根据《部长责任法》，如果各部委官员有不合法行为，就会受到议员指控，包括在官方活动中得到明显不合法的援助或帮助，滥用官方身份、损害国家利益等。被控诉人可以在某段时间向议会做出解释。如果宪法委员会最后认定其违法，则把该指控提交到特别高等法院。另外，政府司法总监和议会监察官每年都要到全国各地巡视，倾听公民意见，接受和审理普通公民对官员和公务员的举报。任何芬兰公民都能自由地检举和揭发。

（5）制度文化与制度实践相互促进。

在芬兰，贪污受贿、侵吞社会财富等行为，如同偷盗抢劫一样，被视为卑鄙肮脏的不义之举，送礼会被官员视为对其人格的侮辱，社会对贪污腐败现象是零容忍态度。人们不愿投机取巧、通过歪门邪道达到自己的目的，而是习惯于通过合法的渠道获得利益。芬兰十分重视公民守法观念的教育和诚信自律意识的培养，学校在学生上学之初就开始教授社会学课程和法律知识，使青少年在走上社会之前便已具备基本的法律知识和遵纪守法的观念。而国家录用公职人员的一个重要条件，就是要具有良好的法制意识和一定的法律知识。所有进入政府部门工作的官员，一律要宣誓守法。政府官员必须做到在任何时候，都要清醒地意识到什么能做、什么不能做，并准确地把握社交和腐败的界限。

3. 德国

（1）反腐败的法律基础。

德国反腐败的主要法律依据是《德国刑法典》，其中有关贿赂罪的条款是确定腐败行为法律后果的主要依据。德国联邦议会1997年通过的《反腐败法》，提高了贿赂罪的量刑幅度，并对公职贿赂罪规定要从重处理。

通常情况下，刑法对贿赂等涉及腐败行为的制裁有两个：有期徒刑和罚金。有期徒刑最短3个月，最长10年。对法官的处罚重于对一般公务员的处罚。对于罚金的规定更体现了可操作性的特点。如把受贿处罚金额定为5欧元，连续3次受贿5欧元就要开除公职，并且对行贿与受贿者的处罚是对等的。公务员法律专门规定，任何公务员接受礼品包括公务礼品都必须申报上交，征得上级同意才能留给个人。如果不是礼品而是金钱，50～80欧元之内，交机关内部处理，超过这一限额的交上级机关组织和人事部门处理。

1998年德国联邦政府颁布了《联邦政府关于联邦管理部门反腐败的行政条例》，对联邦公务部门制定反腐败措施进行了指导性的规定。2004年德国联邦内政部颁布了新的《联邦政府关于在联邦行政机构防范腐败行为的条例》。在条例的附件中将可能发生腐败的迹象概括为中性迹象和报警性迹象两类。中性迹象包括：公务员有不合理的高水准生活，对变换职务或者调动工作表示出令人费解的抵制，在未获得批准或未进行说明的情况下从事其他兼职工作，出现酗酒吸毒或赌博等社会问题，同一些企业之间有不同寻常的私人交往，特别夸奖和照顾一些企业以及获得企业方面的慷慨赞助等现象。报警性迹象包括：公务员无视有关规定，不断发生“小过错”，做出不同寻常且令人费解的决定，滥用裁量空间，有意回避检查，隐瞒某些事件和情况，试图对不属于自己管辖范畴的决策施加影响，以沉默的方式容忍违法行为，对可疑的现象或事件没有反应等现象。

（2）反腐败机制。

一是联邦议院的监督职能。德国联邦议院除有立法权和重大决策的审批权外，还通过行使其监督职能，对政府官员、行政机构进行制衡和监督来防止权力被滥用，减少腐败行为的发生。联邦议院中如果有 1/4 的议员要求对联邦政府在行政管理中产生的官僚主义、贪污腐化、行贿受贿或公众十分关注的问题进行调查，联邦议院有权利和义务成立一个调查委员会。调查委员会由专家组成。调查委员会可以利用刑事诉讼的规定，传唤证人，通过公开和秘密的途径搜集必要的证据。它可以就议员们对政府工作中存在怀疑的问题展开调查、进行澄清。委员会要向联邦议院报告其调查结果，联邦议院将根据报告考虑是否形成决议。另外，调查委员会还负责处理官员受贿案。调查委员会与联邦检察院共同调查和审理这类案件。调查委员会经过长期、周密的调查后，写出报告，上报联邦议院，议院经过辩论最后交法院处理。

二是政府各部门和各州的反腐败机构。德国各级政府部门都设有内部监督机构并设立防腐联系人，如果发现腐败现象，就向上级报告，封存计算机以及工作档案，然后转交检察院。审计机构是德国反腐败的一个重要力量。德国审计机构分三级，联邦、州和市均设有审计局。审计工作完全按照法律的规定进行，独立于立法、行政、司法之外，不服从任何上级指令，不受任何诉讼程序的限制，可以随时进行审计。作为联邦制国家，德国没有统一的反腐败机构，16 个联邦自治州在反腐败上有充分的自主权。有的州设置反贪中心，如柏林市（州），属市议会领导；有的设监察专员，如北威州，属联邦政府内政部国务秘书（副部长）领导。还有些联邦州成立腐败案件清理中心，作为州检察院的一个部门，隶属州司法部。

（3）公务员制度。

德国公务员制度相对完善，主要表现在：第一，公务员实行公开招聘。第二，公务员的职业道德和廉洁培训制度化。第三，公务员实行轮岗制度和权利约束机制。政府规定 5 年必须轮岗交流，对于容易滋长腐败的部门，则规定一般 3 年必须轮岗。对重大工程项目的招投标、财政相关支出、警察执行公务等必须坚持两个人以上把关和同行，不能个人单独行动。第四，实行高薪养廉和公务员终身制。原则上禁止公务员从事第二职业，同时严厉惩治违反纪律的公务员。第五，公务员的有关法律条文、行政规定详细具体，具有可操作性。第六，公务行为和决策公开透明，接受多层监督。

（4）透明国际。

德国透明国际组织于 1995 年成立，有 300 多位成员，在柏林和慕尼黑各设一个小组，主要任务是防止德国对外经贸活动中腐败问题的出现。德国的透明国际组织提出了类似于我国“社会治安综合治理”的概念，叫作反腐败的“机能整合系统”，认为仅靠立法是不能解决问题的，而应建立一种有效遏制腐败发生的社会机制，在立法和行政总体权能指引下，通过媒体的力量，借助于审计署的监督职责、司法部的反腐败职能，并动员个人和社会组织的力量，编织一张反腐败的大网。德国透明国际认为，这种综合治理之所以必要，是因为公共权力的反腐败不可靠。

4. 法国

（1）预防腐败的法律制度与相关执行机构。

法国的反腐败重在预防。“预防为主、铲除犯罪根源”是法国反腐败工作的指导思想，并通过立法确立了几项行之有效的预防腐败制度。

第一，反腐败专门立法及制度。

一是《政治生活资金透明法》。该法制定于 1988 年，并据此建立了“公职人员财产申报制度”，由一个专门机构——政治生活资金透明委员会来负责此项制度的落实。按照《政治生活资金透明法》及其修正案的规定，“公职人员财产申报制度”的主要内容是，法国的高级公职人员——包括总统候选人、国民议会和参议院议员、地方议会主席、当选议员、中央政府组成人员、大区区长、海外省议会议长和 3 万人口以上城市的市长以及经营规模较大的企业负责人必须依法对其拥有的财产状况，包括财产数量、来源、增减等情况向指定的监察机关做出报告，以接受审查和监督。一旦发现公职人员所拥有的财产与其合法收入不符，而又不能说明其正当来源，即视为非法所得并予以惩处。财产申报制度有严格的时间期限，官员所申报的财产状况必须真实具体，并以名誉保证。对于当选的总统候选人，在公布他当选的同时必须公布他的财产状况，以便公众监督。

二是《预防腐败和经济生活与公共程序透明法》（即《反贪法》）。该法制定于 1993 年，其主要内容是对最容易滋生腐败现象的一些行业和部门（如房地产业、公共服务业、公共市场、国际贸易、城市建设等）活动的透明度做出规定，宣布建立以预防腐败为使命的专门机构“预防贪污腐败中心”并对该中心的任务做出了详细规定。

三是关于政党活动经费的立法。其中主要有 1990 年的《限制选举经费法》和 1995 年的《政治生活资助法》及修正案。前一部法律对法人向政党和议员候选人的捐赠做出了严格限制；后一部法律则进一步规定彻底禁止法人向候选人捐赠，包括以低于市场价提供优惠的间接赠予，为此还专门成立了一个独立委员会来监督法律的实施，违法者将被取消候选人资格。

四是国家稽查特派员制度。法国向国有企业派出的“国家稽查特派员”一般是在经济财政部门工作多年，具有丰富管理经验的资深官员。目的是在保证国企的自主权，使之在激烈的市场竞争中高效运作的同时，兼顾国家对国有资产的监督，防止国有资产流失。为确保特派员的公正无私，主要从从政多年的高级公务员中选拔，以确保他们在工作中从国家利益的大局出发；特派员所拿的薪金是公务员中最高的，以保证他们不贪外财；另外，大多数特派员都行将退休，因此出于保持晚节，也会较少贪图私利。稽查特派员对国有企业主要职能除通报情况、监督开支外，还有评价业绩，影响决策及预测风险、防止风险等职能。

第二，机构设置。

一是政治生活资金透明委员会。它成立于1988年，是以预防腐败为宗旨的监察机构，由法国行政法院、审计院和高等法院的工作人员组成，全体人员每四年更换一次。委员会的主要使命是落实《政治生活资金透明法》中的财产申报制度，按照法律规定审查政府成员、议员和企业负责人的财产状况，对来历不明的财产进行调查。

二是预防贪污腐败中心。它成立于1993年，是一所专职的预防腐败机构，挂靠法国司法部，受法国总理直接领导，由来自税收、警察、宪兵、海关、司法和内政部门不同行业的专家组成，以尽可能全面地掌握不同部门的腐败情况。全体成员每四年一更换。中心拥有完全独立的工作自由。中心的基本任务是通过媒体报道、个人揭发、司法部门案例和研究机构的研究等途径收集政府和经济部门中有关贪污腐败的信息，分析腐败案件的类型，总结反腐败经验，研究利用新科技手段进行行贿受贿、贪污腐败的可能性并及时发现新的腐败形式。中心每年向总理和司法部长提交一份年度报告，其内容主要是就可能出现腐败特别是最容易滋生腐败的部门（如公共卫生、交通、能源、教育部门等）进行分析并提出预防性建议和制裁措施。除上述基本任务外，中心还具有向政府部门提供反腐咨询、帮助大型企业建立职业规范、开展国际防腐败合作的职能。

三是议会的监督、制约作用。按照法国法律规定，议会依法享有监督、制约政府和官员的权力，包括通过法律案审议权、每周一次专门质询权、对政府提出不信任案等方式监督政府，通过弹劾案监督总统和政府成员，审查行政部门的预决算方案等。

（2）腐败惩罚机制。

法国《刑法典》对盗用公款、滥用职权、内部交易、收受贿赂、非法占有财务、渎职等各种被动和主动的贪污腐败犯罪行为都有相关规定。民法中的《劳动法典》主要对关于代理或委托、反对不平等竞争等条款做出有关惩治贪污贿赂的规定。《公务员总法》则为预防公务员利用职务之便贪污腐败行为做出十分详细的规定，如公务员诈取罪、盗用公款罪、从事与职务不相容之商事罪、一般受贿罪、滥用职权受贿罪等。制裁一般分为两类：精神性的和实质性的。前者包括申诫、警告、记过等，后者包括取消一次晋升资格、减薪、降职、调职、降级、临时解除职务（不超过 6 个月）、强制退休直至撤职等。情节严重的，触犯《刑法典》中有关规定的，则将受到法律追究。

5. 美国

（1）反腐法律体系。

在西方国家中，美国是制定防范和惩处公职人员犯罪法律较早的国家之一。早在 1883 年，美国就颁布了《文官制度法》，1978 年修订为《文官制度改革法》。该法要求政府公务员奉公守法、廉洁自律，不得贪赃枉法，不得以权谋私，不得营私舞弊，不得参加政治捐款等政治性金钱收受活动。1925 年，美国国会通过了《联邦贪污对策法》。这是一部预防公职人员腐败犯罪的重要法律。该法把选举中的间接贪污行为作为重点惩处的内容，规定总统和国会议员得到 100 美元以上的捐款必须登记，参议员竞选费用的最高限额为 2.5 万美元。1985 年推出《从政道德法》，该法明确了政府工作人员道德准则，规定不得以任何形式用公职做交易；国家公职人员不得在外兼任与其职责利益相冲突的工作或从事与其职责相冲突的事务，包括不得利用职权谋求工作；去职的政府官员在离职后一年内不得回原工作部门为别人从事游说活动，违反者将受到刑事处分。美国于 1970 年实施《有组织的勒索、贿赂和贪污法》。这部法律的主要特点是，扩大了联邦司法机关对腐败犯罪的管辖权，提高了腐败犯罪的刑罚级别，加大了对贪污受贿官员的处罚力度。此外，赋予执法机关调查腐败犯罪的特权，即一旦经法院授权，在根据该法所规定的案件调查中，可以使用联邦执法机关所使用的窃听和电子监控手段。

（2）反腐法律实施配套制度。

为加强与监督立法的实施，美国政府又先后建立了联邦选举委员会、独立检察官、监察长等专门的反腐机构。腐败不是一个能够孤立解决的问题，为更好地治理腐败问题，美国政府在人事制度方面也做了相应的调整，如采取高薪养廉的政策，实行联邦高级官员的高度流动制度等。除此之外，美国政府还通过一系列措施来增加政府工作的透明度，使政府的决策程序置于公众监督之下，防止腐败现象的发生。美国政府从立法、专门的反腐败机构到人事制度等几个方面采取反腐措施，打击各种腐败现象，使美国政府腐败的严重程度明显降低。

6. 新加坡

（1）公务员品德考核制度。

在全球廉洁国家排名中，新加坡是唯一与西方国家并列前茅的亚洲国家。新加坡之所以拥有一个廉洁的政府，根本原因在于它对腐败一向采取严格立法、打击与预防并重的方针。为了保证公务员的廉洁，新加坡政府制定了一套具体、实用的政府公务员制度，包括《公务员法》《公务员行为准则》《公务员纪律条例》《防止贪污法》《没收非法所得法》等。每一个公务员在正式被录用前都要经历几道极严程序的选拔，从而保证了公务员队伍的高素质高水平高工作效率。被录用后的公务员要接受政府的品德考核，考核方法有两种，一是个人品德记录。政府每年发给工作人员一本日记本，以记录个人品德，工作人员必须随身携带日记本，并将自己的活动随时记下来。政府工作人员必须在星期一上午上班时，将其日记本呈交主管官员检查、签名和发还。主管官员一旦发现其记录内容有问题，应及时主动将这项记录移送反贪污调查局进行审核查实。二是行为跟踪。反贪污调查局依法有权对所有公务员，尤其是新参加工作的公务员，进行行为跟踪，暗地调查他们的日常活动。反贪污调查局在对公务员行为跟踪时，注重证据的收集，可以采取秘密拍摄方式收集各种证据。发现某一公务员有违法行为，可写出调查报告交给被跟踪者的主管官员，以核实当事人日记是否属实，并做出相应处理。以上制度的建立，不仅使高素质的公务员能够源源不断地进入新加坡政府，而且对在职公务员的行为是否奉公守法发挥了有效的监督作用，使他们在任职期间很难利用职务之便贪赃枉法，腐化堕落。

（2）任何人不能享有法外特权。

新加坡贪污调查局是专门的反贪机构。贪污调查局设有专司预防贪污的部门，负责审查和调查那些容易发生贪腐行为的部门，检查其管理和工作程序上存在哪些漏洞，并提出相应的整治措施和建议。该局还参与国家官员的任命考察，以确保那些有不良记录的人不会被任命到重要的工作岗位上。贪污调查局的官员经常与公务员谈话，向他们宣传腐败行为潜在的危险，并对他们提出如何避免卷入腐败案件的建议。反贪污调查局对政府机构和公共服务部门进行监督和调查，对一切涉嫌腐败的官员，不论其名声多大、地位多高，一概严惩，决不姑息。地位越高，处罚越重，不允许有任何人享有法外特权。该局自设立以来，秉公执法，处理多起政府高级官员贪污受贿案件。

(3) 防贪反贪制度。

一是新加坡政府制定了严格的申报家产制度。每一个官员被聘用之前，必须申报本人和配偶的财产情况，包括动产、不动产、贵重首饰、银行存款、股票、证券等，以后每年 7 月 1 日，每个政府职员都必须填写一份个人财务表格，写明自己的财务状况，各部门常任秘书对每一份申报表都要详细审阅，了解是否有不法行为。如果发现财产来源与本人收入不相称，本人的解释不能令人信服，这部分“多余”的财产就可被当作贪污的证据受到指控。

二是公务员不准收受礼品，只可接受没有商品价值的纪念品。如果有商品价值的礼品推辞不掉，收下后必须向常任秘书报告，并将所接受的礼品交给负责处理礼品的主管官员。主管官员定期拍卖这些礼品，接受礼品的人可以优先购买，拍卖所得上缴国库。如果因为退休而要接受下级所赠礼品，则必须申报礼品的价值、名称等，所受礼品价值不得超过 50 美元。此外，公务员不能接受宴请，如确有必要出席，需得到所在部门的批准。

三是政府官员不能依据手中权力来帮助任何人优先签订业务合同或阻止合同的签订，也不得在工作中以任何借口索要或变相索要“酬劳”。如果接受属下人员的款待活动，则必须报告款待的时间和地点，款待活动必须适度，不能超过款待者月工资的 2%。

四是政府官员不许向下属人员借款，向亲友借款也不得超过本人 3 个月的工资总额，以免债务过多而产生贪污意图。另外还规定，政府官员借给别人钱时，不准附加利息或以自己的职务为名做交易。凡是陷入债务麻烦的官员必须受到纪律处分，甚至被开除。

五是政府官员不准购买与本单位有业务关系的公司股票，可买国有企业和外资企业的股票，但必须经过所在单位常任秘书批准。公务员直接或经他人、伙同他人为自己、为其他人贪污性地索取、接受或同意接受任何报酬，去做或容忍做法律禁止的任何事情，应视为犯罪，可被判处一万元罚款或五年监禁，或既罚款又监禁。凡议员索取或接受任何工资外报酬，作为对本人以议员资格采取任何行动的诱惑或酬金的，被视为犯罪。凡公共团体成员索取或接受任何报酬去做有违职责的任何事情的，亦被视为犯罪。上述人员可被处以一万元罚款或七年监禁，或既罚款又监禁。

（4）公积金制度。

新加坡政府制定了完整的《中央公积金制度》，规定所有参加社会工作的人员包括政府公务员、企业职员、一般工人都必须参加公积金制度。主要内容是：职工每个月工资的20%扣交公积金，政府或企业也按该职工月薪的20%比例提供公积金，双方各交一半（发生经济危机时比例适当调整）。这份公积金属于个人所有，但不得随意提取。按制度规定只能用于四项内容：购买政府组屋、医疗治病、为子女交学费、养老基金。养老金必须在退休后方可提取，政府和企业不再另发养老金，一个公务员工作时间越久，所得积蓄越多。据统计，高级公务员（司局级）到55岁退休时，公积金总额有80万～90万新元，相当于人民币400万～500万元。如果在职时廉洁奉公，没有贪污腐败和违法行为，退休后可保全家生活富裕，安居乐业。新加坡法律规定，凡是有贪污、受贿等违法行为者，就要给予严厉惩罚包括开除、蹲监狱、全部撤销个人所得公积金。这一制度使得公务员权力腐败的代价和风险太大，以至于绝大多数公务员不敢为贪小便宜冒大风险而毁掉自己整个后半生。

（5）高薪养廉制度。

新加坡为了使政府高级官员和公务员抵御贪污受贿的诱惑，同时为了吸引住人才，不使公务员因待遇过低而流失，采取高薪养廉制度。新加坡多次上调公务员工资水准，1989年上调以后的公务员工资达到世界各国的最高数。新加坡政府内第四级公务员（从事体力劳动的打字员、司机、杂役人员等）与一般产业工人相比，1985年的工资收入月平均约10800新元，是产业工人月平均工资约600新元的16倍强。除此以外，政府还给他们比较优厚的福利待遇，如退休金、假期、有限度的医疗照顾、免费在职培训、贷款等。

（二）国外现代反腐败制度的主要特点

虽然各国国情不同，但在构建反腐败制度体系方面却有许多共同之处，治腐较为成功的国家无一不是有一套较为完备的制度和措施来限制和约束权力，防范制度具体、惩治制度严厉、监督制度健全是其主要特点。

1. 廉政义务性规范周全具体，以法律保障廉洁和防范腐败

为防范公职人员腐败犯罪，许多国家都以完备的法律和条例对公职人员的行为正当与否做了明确界定，将公职人员所应负有的职业道德责任与行为规范法律化、条文化，以法律来加强对官员行为的刚性约束。比较典型的有美国的《从政道德法》《文官法》，英国的《荣誉法典》《防止腐化法》，新加坡的《防止贪污法》，瑞士的《联邦公务员章程》等。这些法规主要从以下几个方面把关预防腐败。

（1）在制度上严格规范公职人员的职业道德。

注重规范公务人员的职业道德操守，是许多国家公务员制度的特点，如新加坡的公务员聘任制和英国的文官制度。它们首先对公务员的考试、录用进行严格的考核和审查，且特别注重个人的品德修养。还规定了严格的为官准则，并在全社会形成一种做文官光荣的自豪感，人们一旦入选文官，则会从心理上珍惜这种荣誉，不会轻易违背职责。

（2）明确规定禁止性条款，规范廉洁从政行为。

反腐败成效显著的国家都有严厉的禁止性制度规范，譬如许多国家在法律上都明确禁止和惩处公务员收礼或受贿。美国规定，公务员收受价值 100 美元以上的礼品必须上缴并予说明。瑞士规定，公务员不得索要、接受任何形式的馈赠、变相馈赠和其他好处。新加坡规定，官员除个人私交，不得接受下级人员所送礼品和有价证券，不得应下级人员之邀出席娱乐活动；在公事交往中，如果遇到不便拒绝接受礼品的情况，可先接受赠礼，然后上报、上缴；退休时接受下级礼品须报告，所受礼品不得超过 50 美元。此外，为避免公务员以权谋私，各国对其兼职都加以严格限制。

（3）制定防范性条款，以防患于未然。

财产申报制度在国外被称为“阳光法”，它强制一定范围的公职人员申报个人财产、来源及各种投资活动，并由专门机构监督、审查，隐瞒和转移财产的行为或巨额财产来源不明的都被视为有罪。这对有潜在腐败可能的官员有相当强的心理抑制作用。如美国规定，高级官员必须申报自己、配偶及子女的财产情况，并由专门机构审查核实。新加坡规定，公务员必须申报自己和配偶的财产，如果财产来源不明，“多余”的财产就被视为非法所得。

（4）规定人事任用回避制度。

为防止公共权力被家族控制而发生违反职权原则的现象，许多国家都有严

格的人事任用回避制度。如瑞士规定，有联姻关系或父子、兄弟、叔侄等近亲，不得担任有隶属关系的职务。奥地利等国也有类似的规定。一些国家还限制公务员家属从事某些营利活动。

2. 腐败惩治制度严厉，腐败行为风险成本高

以刑罚的方式治腐是反腐败的最后一道防线，已成为越来越多国家反腐刑事立法的趋势。像新加坡、瑞典、芬兰、美国等国，虽然国情不同，法律规定亦有所差异，但大多有专门的《防止贿赂法》《反贪污法》等。据此，各国对公职人员贪污、受贿、以权谋私的行为都有严厉的惩戒措施。英国规定，公务员贪污受贿、滥用政府基金要被开除公职，构成犯罪的要施之以法。德国刑法典规定，官员收受好处、受贿、行贿、失职、洗钱等，都要受到严厉惩处。加拿大刑法典对贿赂官员、欺诈政府、承包商向竞选基金捐款、公职人员违信、买卖官职等行为都要进行严厉惩戒。芬兰则制定专门的《公务刑法》，确认公职人员贿赂、泄密和滥用职权是不可饶恕的三大罪行，并与平民刑事案分开，给予严惩。对腐败行为依法依纪在刑罚和经济上给予严厉惩处，就会极大地增加腐败的成本和风险。这样，不仅在刑罚制裁上严厉惩处腐败分子，使其丧失从事公职的资格，而且在经济上付出高昂代价，并受到社会各种发展机会的排斥，从而使腐败犯罪成本高于犯罪收益，使其“后继者”不敢再拿个人前程向法律挑战。

3. 建立廉政监督制度，防止权力的滥用和失衡

（1）廉政监督机构有相当大的独立性，不受行政权力的不正当干扰。

英国、瑞典两国的廉政机构（行政监察专员）通过对行政机关进行监督，防止其滥用或误用权力而使国民权益受到损害。具有行政监督职能的机构（瑞典4名监察专员，英国的议会监察专员和地方监察专员）都在法定职权范围内独立行使职权，并分别只对议会和首相负责。新加坡的反贪污调查局直属总理办公室管理，局长由总统任命，向总统负责。这种独立的机构设置，使他们的地位、身份和权力等都有严格的法律保障，能不受干扰地查处贪污腐败案件。

（2）廉政监督机构权力大并具权威性。

许多国家的廉政监督机构不仅权力大而且极具权威性，从而在社会上有强大的监督威慑力，大大提高了反腐效率。譬如，瑞典监察专员的监督调查几乎涉及政府工作的所有领域，包括有权受理一切控告国家机关和企事业及其工作人员的申诉案件，有权进行调查、视察、批评、建议和提起公诉。英国行政专

员职权虽不及瑞典，但也可调查近100个政府部门和公共部门官员履行职责的行为。新加坡的反贪污调查局既是行政机构，又是执法机构，拥有身份特权、调查权、调查保障权、武力搜查权、逮捕权、跟踪监视权、获取财产情报权、不明财产检查权等权力。

（3）廉政机构自身受到严格监督。

为防止廉政机构自身不廉洁，瑞典规定了内部和外部制约机制，议会司法监督专员直接受议会宪法常务委员会的监督，同时也受公众、舆论等方面的监督。新加坡的反贪污调查局则受社会各界的严厉监督，一旦被检举，将会受到严厉的处罚。

四、加强反腐败制度建设的思考

腐败是社会毒瘤，对任何社会和国家都是公害。一个国家和社会要想健康发展，都不能不把反对腐败放在重要的地位。当前，我国腐败现象依然多发，滋生腐败的土壤依然存在，反腐败斗争形势依然严峻复杂，必须继续全面加强惩治和预防腐败体系建设。明者因时而变，智者随事而制。针对反腐败的新形势，习近平在十八届中央纪委二次全会上的重要讲话中强调："要加强对权力运行的制约和监督，把权力关进制度的笼子里，形成不敢腐的惩戒机制、不能腐的防范机制、不易腐的保障机制。"① 实践证明，制度更具有根本性、全局性、稳定性和长期性。在完善惩治和预防腐败体系各项工作中，教育要靠制度来保证，监督要靠制度来落实，改革要靠制度来巩固，纠风要靠制度来深化，惩治要靠制度来规范。只有抓住制度建设这个根本，惩治和预防腐败体系才能够不断强化基础支撑和发挥长远作用。因此，必须从我国的国情实际出发，按照建设廉洁政治的要求，积极借鉴人类政治文明有益成果，强化制度的反腐败功能，加强制度创新，全面推进我国惩治和预防腐败制度体系建设。

---

① 《人民日报》2013年1月23日。

（一）强化制度对权力的规范制约功能，加强制约权力的制度建设

腐败现象的存在，主要是由公权力的特性决定的。认真研究腐败犯罪人员的详细犯罪事实，尤其是贪污、受贿人员的犯罪事实，不难发现，绝大多数贪污、受贿者初次发生贪污、受贿事实的时间，往往在其初次掌握实权而且大权在握之时。如果权力得不到有效制约，而掌权者又缺乏足够的抵制抗拒各种诱惑的自制力，那么腐败往往就会成为一种常态。所以，胡锦涛说："权力不受制约和监督，必然导致滥用和腐败。"[①] 从实践上看，遏制腐败比较成功的国家，往往也是对公权力约束力度较大的国家。我们选择了中国特色社会主义道路，既不搞西方多党制，也不搞西方式"三权分立"。这是我国政治体制不可逾越的底线。但是，要防止权力的滥用和腐败，对权力的制约和监督是必不可少的。为此，就需要强化制度对权力的制约功能，加强制约权力的制度建设。

1. 规范和制约权力，建设权力结构合理制约的制度体系

规范和制约权力，坚持用制度管权，最核心的问题是建设科学合理的权力结构制度。反腐倡廉建设的实践经验表明，用健全有效的制度管好权力，必须从改革权力结构入手。改革开放之初，邓小平在《党和国家领导制度的改革》一文中指出："从党和国家的领导制度、干部制度方面来说，主要的弊端就是官僚主义现象，权力过分集中的现象，家长制现象，干部领导职务终身制现象和形形色色的特权现象。"[②] 这些现象的存在，其中一个重要原因就是"我们的党政机构以及各种企业、事业领导机构中，长期缺少严格的从上而下的行政法规和个人负责制，缺少对于每个机关乃至每个人的职责权限的严格明确的规定"[③]。为此，邓小平提出了改革的设想：一是权力不宜过分集中。二是兼职、副职不宜过多。三是着手解决党政不分、以党代政的问题。这些年来，我们党在破解权力结构难题上，又有新的认识和实践。党的十六大在权力结构问题上强调"要建立结构合理、配置科学、程序严密、制约有效的权力运行机制"。党的十七大报告首次提出"权力结构"的概念，强调要"建立健全决策权、执行权、监督权既相互制约又相互协调的权力结构和运行机制"。党的十八大报告同样强

---

① 胡锦涛：《在首都各界纪念全国人民代表大会成立50周年大会上的讲话》，人民出版社，2004，第16页。

② 《邓小平文选》第2卷，人民出版社，1994，第327页。

③ 《邓小平文选》第2卷，人民出版社，1994，第328页。

调：“要确保决策权、执行权、监督权既相互制约又相互协调，确保国家机关按照法定权限和程序行使权力。”这表明以权力结构改革推进权力制约的制度建设和创新的重要性。

首先，建设科学合理的既相互制约又相互协调的权力结构，科学划分决策权、执行权、监督权的权限。合理配置权力，科学划分决策权、执行权、监督权，不但能够有效地消减一些重点领域、关键岗位、重要部门尤其是一把手的权力，还可以阻断权力之间的利益链条，使决策权、执行权、监督权既相互分离，又相互制约，有效遏制腐败。同时，还能有效解决党和国家机关职能交叉与扯皮、部门分割、资源分散与浪费、整体效能和公共服务质量低下等问题。因此，要通过严密设计，推动党和国家机关大部门体制改革，科学设置决策部门、执行部门和监督部门，科学划分决策权、执行权、监督权，使其分归互不隶属的不同部门，并制定相应的程序使之能够既相互协调配合又相互牵制，从而形成科学的权力结构。

科学规范决策权、执行权、监督权，同时权力之间又相互协调，就要严格划分不同权力的使用边界，加强对决策权、执行权、监督权的规范和限制，明确执行权对决策权负责，决策权、执行权都必须无条件地接受监督权力部门的监督，确保各种权力的行使不缺位、不错位、不越位。要把决策权、执行权、监督权的行使通过法律和制度确定下来，严格按照法定权限和程序行使各种权力，从而构建决策科学、执行坚决、监督有力的权力运行体系，确保各种权力运行规范、有序，有效防止因权力过分集中而滋生腐败现象。

其次，建设科学合理的既相互制约又相互协调的权力结构，要解决权力过分集中的问题。权力过分集中，权力之间的相互制约就不可能，权力失控就难以避免。从腐败犯罪的职务结构统计与分析的结果来看，腐败犯罪大案要案集中发生在党政部门和机关、司法机关、国有企业、金融系统等主要领导岗位上。这一事实说明存在着权力过分集中而不受制约、家长制作风比较严重的问题。从实际情况来看，要解决权力过分集中的问题，既要解决党政不分、以党代政的问题，又要解决权力过分集中于党委和党政一把手的问题。规范和制约权力，解决权力过分集中的问题，一是要合理分解和科学配置权力，尤其是要对重要部位和环节的权力进行分解，以权制权，形成制衡机制，使权力结构既相互制约又相互协调。当务之急，要规范各级党政主要领导干部职责权限，科学配置党政部门及内设机构的权力和职能，明确职责定位和工作任务。二是要深化行政体制改革，转变政府职能。要按照建立中国特色社会主义行政体制的目标，深入推进政企分开、政资分开、政事分开、政社分开，建设职能科学、结构优化、廉洁高效、人民满意的服务型政府。首先，要深化行政审批制度改革，继续简政放权，还市场与民间以更大的自由。其次，合理界定公权力行使的边界。要在推进大部门制改革中加强制度建设，科学界定各部门职能和职责，减少对微观经济的干预，压缩行政配置资源的权力，有助于从源头上铲除腐败的机会和条件。再次，要优化行政层级和行政区划设置，保证各层级的法定权力和正当行使。三是要加强组织法制建设，建立健全规范党政机关和党政官员权力范围和边界的行政组织法及其制度。行政组织法的最重要的功能和作用是规定政府机关的职权，确立政府机关和政府官员权力的边界（权限）。没有严格的组织法确定政府和政府部门的职权界限，权力（如审批、许可权、强制权、征收权、收费权等）必然膨胀。而权力膨胀一分，官员腐败的机会和可能性就多一分。过去由于条件不成熟和我们的认识不到位，我国各级地方人民政府（省、市、县、乡镇人民政府）均没有制定独立的组织法，中央政府的各部委（如公安部、司法部、发改委等）均没有制定独立的组织条例，没有从法律制度上确定各行政机关的权限。我们要以政府机构改革和职能转变为契机，制定和完善行政组织法及其制度。

2. 规范和制约权力运行，建设确保权力正确行使的制度体系

首先，规范和制约权力运行，必须用制度确保权力正确行使，让权力在阳光下运行。近年来，我国权力运行的透明度有了显著提高，但也存在着随意性大、参差不齐、缺乏制度保障等问题。让权力在阳光下运行，必须进一步增强透明度。一是建立相关制度。第一，要健全信息公开制度、公开听证制度、说明理由制度、公示制度、新闻发布制度等；第二，要完善党务公开、政务公开、司法公开和各领域办事公开制度，推进决策公开、管理公开、服务公开、结果公开；第三，建立公职人员财产申报制度，探索各级官员家庭财产申报公示制度，为政治廉洁、防治腐败提供有效的制度保障。二是明确界定政务党务公开的内容。要按“公开是原则、不公开是例外”的要求，除涉及国家机密外，政务公开不仅应该包括党政文件、会议、决策和实施效果，还应该包括公共服务事项、政府采购、招标投标、收费罚款、公务消费等社会普遍关注的事项，全部予以公开，保障人民的知情权、参与权、表达权、监督权。三是切实保证公众获得政务信息渠道的畅通。在政务公开的过程中，有的内容是公众普遍想了

解的，有的内容则是极少部分公众想知道的，无论是何种情况，政府都应该开通各种信息渠道。新闻媒体既是公众获取政务信息的主渠道，也是监督权力在阳光下运行的重要载体，应当发挥新闻媒体在政务公开中的作用。四是制定政务公开的国家法律。应该尽快制定我国的“政务公开法”，规范政务公开的主体，明确政务公开的程序、范围、标准、限制、方式、时限等，为推进权力运行公开化、规范化和增强透明度提供法律保障。

其次，要加强权力运行程序法规制度建设。在这方面，要建立健全规范政府机关和政府官员权力行使手段和程序的行政行为法、行政程序法及其制度，推行地方各级政府及其工作部门权力清单制度，依法公开权力运行流程。行政行为法和行政程序法最重要的功能和作用是规定政府机关和政府官员行使职权的手段、方式、过程和步骤。譬如，行政机关在什么条件下，具备什么情形才能设定和实施行政审批、行政许可；在什么条件下，具备什么情形才能实施行政强制（如查封、扣押）；行政机关设定和实施行政审批、许可、强制、处罚必须遵循什么程序；等等。改革开放以来，我国虽然陆续制定了《中华人民共和国行政处罚法》《中华人民共和国行政许可法》《中华人民共和国行政强制法》三个单行的行政行为程序法，一些地方政府也主动制定了规范自身行为的行政程序规章，但是由于各种原因，全国统一的行政程序法尚未制定。实践证明，行政行为法和行政程序法是控制权力，保证国家机关按照法定权限和程序行使权力、履行职责的有效制度。以程序法规来控制权力、反对腐败，就应当尽快制定全国统一适用的“行政程序法”及其相关制度，以保证权力依照法定程序运行，一旦违反法定程序，有关监督机构就可以对其行为做出裁定，并使违法者承担相应的法律后果。

（二）强化制度对从政操守的规范制约功能，加强公务伦理和防止利益冲突的制度建设

国家公职人员职业道德和行为操守关系到公权力是否能够正确行使的问题，它不属于私德范畴。为防止公职人员在公务活动以及与其职务身份有关的各种行为中发生利益冲突，保障公共利益不受侵害，必须对国家公职人员职业道德和行为操守从法律制度上加以规范和制约。

1. 制定国家统一的公务员伦理法

对于国家公职人员来说，因其行使的是公共权力，其必须承担更重的公众

责任，必须比一般公民受到更多的道德约束。自20世纪下半叶以来，以法律形式规制各类国家公职人员的从政道德行为，逐渐成各国政治与行政制度改革的发展趋势和抑制腐败的重要举措。公务员伦理法主要是规范政府官员在官场内外和公务内外的与其职务身份有关的各种行为，确立其从政职业道德和与职务身份有关的行为操守。如官场内不拉帮结派，在官场外严格自律，不收受法定标准和范围以外的礼物，不接受可能影响公正履职的宴请，等等。有关公务员（特别是领导干部）职业道德、行为操守的规则，过去我们制定和发布过不少，但是缺乏系统化、规范化、整体化，而且大多以党内法规或规范性文件的形式由中纪委或中办、国办发布，法律效力较低，实施效果不理想。有必要由全国人大常委会整合过去以各种形式发布的相关法规和文件，把有关公务员（特别是领导干部）职业道德、行为操守的规则加以体系化，并根据新一届中央领导集体提出的反腐新思路（如中央做出的“八项规定”）予以补充完善，制定国家统一的公务员伦理法“国家公职人员行为道德典”。

首先，公务员伦理法要对公职人员从业道德提出严格而具体的规范。公务员伦理法对“官德”要从国家法律层面予以严格细致的规范，形成科学严谨、易于操作、动态性强的比较全面系统的公务员道德法律体系。在我国，公务员的道德问题已经引起了全社会的高度关注，对其中出现的一些问题，现有的法律还存在有效约束的空白。为此，在制度建设中，要改变重原则、轻细则的缺陷，明确规定国家公职人员从业的一整套道德行为标准，对公务员在行使公共权力、进行社会管理、提供公共服务等活动的过程中可以做什么、不可以做什么，以及应该怎么做、违反规定将受到什么惩处等进行严格规定，为公务员道德行为约束提供法律保障。

其次，要建立完善的道德监督和惩处制度。一是对违反职业道德应承担的责任规定要具体明确，易于操作，明确对违反从政道德法行为的处罚尺度。二是要有严密的惩处程序和机制。三是要有专门的道德监督机构。从世界的发展趋势看，越来越多的国家设立独立的公务员道德管理机构。我国有关部门虽然实际承担着道德监督的职能，如纪检监察部门的党风室对党风廉政建设的指导和管理，包含了道德监督的内容；组织部门内部的干部监督机构和信访部门，也承担着监督党员干部的职责，但中央和各地还没有设立专门的公职人员职业道德管理机构。有鉴于此，应设立具有较强独立性和权威性的公务员行为道德委员会，专门对公务员的行为道德进行监督，并对违反道德的行为进行惩处。

同时，公务员行为道德委员会依据道德法规，制定有关规章条例；监督道德法的执行情况；对道德法和道德条例进行评价；提出立法和法律修订建议等，推进公务员职业道德法制化建设。

2. 制定防止利益冲突法

党的十七届四中全会《中共中央关于加强和改进新形势下党的建设若干重大问题的决定》明确提出了“建立健全防止利益冲突制度”的要求。这是党的文件中首次使用“防止利益冲突”这一全新的廉政概念。所谓利益冲突，是指公权部门或公职人员所代表的公共利益与其部门利益或私人利益之间的冲突。防止利益冲突就是阻隔和防止利益冲突的发生。

政府部门和公职人员所代表的公共利益与其部门利益或私人利益的矛盾冲突是客观存在（或潜在）的，如果缺乏法律制度规范，必然会成为滋生腐败的温床。在市场经济条件下，人既是理性人又是经济人。人的行为，包括政府公务员的行为，都是在既定约束环境下争取自己利益最大化的理性行为。公职人员在行使公共权力的时候，社会公正原则和公共目标与行使公共权力的公务员个人目标和利益之间总是存在不一致的方面，在很多情况下还存在严重的对立和冲突，存在着决策的社会成本收益率与决策者个人成本收益率的差异和背离，存在着公益决策目标与具体决策者私人利益的矛盾。在这种情况下，如果没有恰当的外在制度约束，公务人员就有可能在“权衡利弊”后觉得对自己“有利”的情况下，采取以权谋私的腐败行为。

防止利益冲突法是国家为了避免公权部门和公职人员公权私用，厘清公权与私利的界限，保证公职人员廉洁从政、预防腐败的法律规范。我国虽然在党纪政纪中也有关于防止利益冲突的零散规定，但缺乏科学性、系统性、权威性和强制性，其作用极其有限。面对反腐败斗争的严峻形势，借鉴国外的成功经验，我国亟须加快防止利益冲突的立法建设，制定防止利益冲突法，明确利益冲突的范围和后果，对容易引发利益冲突的事项进行严格而详细的规定，提高廉政制度建设的系统性和有效性。

（1）建立和完善防止公权组织利益冲突的法律制度体系。

公权组织，泛指所有运用法定职权从事与公共利益相关的公共事务管理的公共组织。但由于政府是公共管理最直接的执行主体，因此公权组织主要是指各级政府及其所属部门。据此，公权组织利益冲突，主要是指以政府及其所属部门为典型的执掌公共权力的公共组织自身利益与其所应该代表的公共利益之间的冲突。

公权组织除了公共性，还具有为组织（或成员）自身生存和发展创造条件的自利属性。首先，政府作为国家机器最重要的构件，它的存在和运作，既是维护公共秩序和实现公共利益的过程，也是为自身发展创造条件的过程。其次，政府组织结构的地域性（“块块”）和职能范围的部门性（“条条”）的属性，在公共权力运行过程中必然产生地方利益和部门利益。最后，由于行政道德与正式制度的约束，公职人员不能公开地追求自身利益，因此，以地方政府利益及部门利益的形式谋求公职人员个人利益，在部门内部十分容易达成共识。公权组织利益冲突可分为整体性（主要是地方政府）利益冲突和部门性（主要是政府职能部门）利益冲突。在整体性利益冲突层面，一些地方政府以各种借口，搞“上有政策、下有对策”，主要表现为有选择地执行政策、故意歪曲政策、拖延甚至抵制执行政策。同时，地方政府之间因利益博弈导致地方保护主义。在部门性利益冲突层面的主要表现有：行政立法权的政府职能部门往往利用拟订法律草案、制定部门规章和公共政策等便利机会使部门利益合法化；在部门间管理权限的竞争中为本部门争得利益，造成政出多门；努力获取和扩大可以为本部门谋利的资源，如机构扩张、增加预算、行政垄断、行政审批、行政处罚等权力，淡漠需要积极作为但又“无利可图”的职能。正因为如此，针对地方政府及其部门侵害公共利益行为的群体性抗争时有发生，并呈上升趋势。

造成公权组织自利性膨胀和失控的原因在于体制和制度约束乏力。防止公权组织利益冲突，有效防止公共利益部门化和部门利益私人化，就需要通过行政体制改革，明确中央与地方的权限划分，厘清政府部门的职能界限，缩小公权部门对企业、社会组织、公民个人活动的干预权限。但是，最重要的是完善防止公权组织利益冲突的制度体系。一是制定防止公权组织利益冲突法、政务公开法等法律。二是收缩行政立法权，防止行政扩张。要推进行政立法民主化；改革行政立法审查制度；建立对行政立法的可诉讼制度；建立规范自由裁量权行使的制度。三是改革审计制度，允许社会审计组织参与对政府的财务审计。四是在政策绩效评价体系中增加公众评价指标的权重和权威性。五是推行部门问责制度，并与部门预算、机构编制、部门全体人员晋级升迁挂钩。

（2）建立和完善防止公职人员利益冲突的法律制度体系。

我国公职人员的利益冲突问题，可以梳理为交易型利益冲突、影响型利益冲突、“旋转”型利益冲突等三种类型。交易型利益冲突就是官员利用职务之便，直接从利益关联者那里收取私人利益。譬如，有些官员对房地产行业有管理审批权，以超低价从房产商那里买房等。影响型利益冲突通常表现为官员利用公权力的影响，直接或间接地实现自己、亲属或利益相关者的私人利益。譬如，利用手中执掌公权的影响力为亲属安排工作、牟取利益或自我交易等。所谓“旋转”型利益冲突，是指具有公私双重角色的公职人员在履行公共事务的过程中利用公权为自己、亲属或利益相关者谋取私人利益。譬如，利用公权便利自己或帮助亲属和利益相关者以开公司、社会兼职、本人退休后到企业任职等形式谋取私人利益。我国已制定的《中华人民共和国公务员法》《中国共产党党员领导干部廉洁从政若干准则》《关于领导干部报告个人有关事项的规定》《国有企业领导人员廉洁从业若干规定》等法规，都包含有防止利益冲突的相关要求，对防止利益冲突发挥了积极的作用，但缺乏系统性规定，部分制度设计不科学，没有相应的惩罚性条款，操作性不强。在此基础上，应当根据我国利益冲突的风险，进一步加快防止利益冲突的立法建设，明确利益冲突的范围和后果，对容易引发利益冲突的事项进行严格、详细的规定，从法律上规范公职人员廉洁从政。

一是对导致利益冲突的行为做出明确的“不许可”的规定，以避免产生实际的或可能的利益冲突。公职人员不得利用公共权力为自己谋私利，不得利用公共权力为任何个人或组织取得优惠待遇，不得利用任职期间所获得的且通常不对外公开的内部信息来谋取个人利益，不得利用公职去影响他人的决策，不得直接或间接使用或允许他人使用任何类型的政府资源去做任何官方批准以外的事情等。

二是对利益冲突的风险领域做出明确细致的划定。利益冲突的风险领域主要包括：参与外界活动，接受馈赠、礼品、招待费和其他福利，配偶、子女及亲朋好友享受优惠待遇，个人投资，参与公共决策，影响力的利用、内部信息和公共资源的使用，等等。法规要明确规定，公职人员在涉及相关风险领域时，应当始终秉持公正、公平和正直的观念，避免出现利益冲突，树立自身与政府的良好形象。

三是制定公职人员需要遵从的一系列制度，为公职人员避免利益冲突构筑牢固的制度屏障。第一，官员财产申报制度。公职人员依法在法定时间向法定机构报告个人及家庭财产和收入，在法定媒体上公布或允许公众查阅，瞒报、谎报者承担相应责任。第二，资产处理制度。公职人员需报告任职前的投资性财产或者出售，或者匿名信托他人的情况。第三，回避制度。对公职人员任职回避、公务回避等有关规定进一步细化，完善回避程序和处理规定。第四，兼职和离职的限制规定。要加强对公职人员的兼职和离职后的行为限制，对在职及离职公务员在企业和各类学会、协会、基金会任职的条件、审批程序、违规处置等进行明确的规定。第五，违法惩罚制度，包括行政处分、刑事处罚等规定。

四是建立包括廉政档案和领导干部及其配偶子女的房产、投资、就业等信息在内的防止利益冲突“公共数据中心”，并实现公众与政府、政府各部门之间信息资源共享，为及时发现和处理利益冲突问题提供基础条件。

（三）强化制度对政务行为的管控功能，加强反腐败的监督制度建设

对各个腐败犯罪分子的犯罪事实分别认真研究可以发现，绝大多数构成贪污或者受贿犯罪的腐败分子，其贪污、受贿行为都并非一两次，也都并非仅仅在短期作案。这些贪污、受贿的腐败犯罪分子，大都数次甚至数十次进行贪污犯罪活动或者大肆收受贿赂，其中许多人犯罪时间长达数年，个别人员甚至长达十多年之久。这表明监督制度不完善，监督乏力，监督不到位，从而使腐败分子有可乘之机。建立健全立体的、多维的权力监督体系，加强对权力运行和公务人员行为的监督、查处腐败案件的监督和监督责任追究，是把权力关进制度“笼子”的重要方面，是反腐败的重要保障。我们在权力监督和责任追究方面，已有不少法律和制度，初步建立了包括人大监督、纪委和监察监督、审计监督、司法监督、公众监督、舆论监督的监督机制。但是，我们在监督体系方面还存在短板和漏洞，必须进一步加强监督制度体系建设。

1. 健全和完善各项的监督制度

我国监督制度的健全和完善，一方面要建立有利于发挥整体监督功能的组织制度，另一方面还要进一步健全和完善已经形成的各类监督制度。

一是完善人民代表大会监督制度。在立法工作中，要健全立法起草、论证、协调、审议机制，提高立法质量，防止地方保护和部门利益法制化。健全“一府两院”由人大产生、对人大负责、受人大监督制度。健全人大讨论、决定重大事项制度，各级政府重大决策出台前向本级人大报告。加强人大预算决算审查监督、国有资产监督职能。加强人大常委会同人大代表的联系，保障其权利，充分发挥代表作用。通过建立健全代表联络机构、网络平台等形式密切代表同

人民群众联系，使人民代表能充分反映群众意愿，加强对政府依法行政的监督。

二是完善党内监督制度。一方面，要完善中共纪律检查机关统一组织和协调整个反腐败工作的制度，推动党的纪律检查工作双重领导体制具体化、程序化、制度化，强化上级纪委对下级纪委的领导。另一方面，要形成能开展全方位监督的管理机制，克服现行纪检机关不能监督同级和上级党委，容易受个别领导干扰的不足和问题。同时，要完善党内巡视制度和专项督察制度，健全巡视工作领导机制，完善巡视程序和方式，提高巡视成效。

三是完善行政监察制度。当前重要的是在纪检和监察机关合署后，要进一步强化行政监察的功能，使行政监察在查处公务员违反政纪的各种腐败行为中发挥应有的作用；使纪检工作不能涉及的工作范围，不能触及的国家公务员，都能通过行政监察加以监督和制约；使合署后的行政监察能够比较集中和深入地查处腐败案件；同时拓展行政监察监督的广度和深度，提高行政监察效能。

四是完善民主党派民主监督制度。当前要重点推进政治协商、民主监督、参政议政制度化、规范化、程序化。要通过建立科学的程序和制度，使民主监督制度为国家决策的民主化和科学化服务。通过民主监督，使党的决策、国家的意志，能较准确地反映最广大人民的意愿。同时，民主监督制度要通过更经常更有效的活动，增强民主监督的有效性，促进廉洁政治建设。

五是完善司法监督制度。深化司法体制改革，优化司法职权配置，规范司法行为，建设公正高效权威的社会主义司法制度，保证审判机关、检察机关依法独立公正行使审判权、检察权。保障检察院、法院依法对腐败案件进行检控、审判的独立性，不受各级行政干预，以落实反腐相关法律，促使反腐模式从党内主导转为司法主导。

六是完善各行政职能部门的经济检查和监督制度。当前重要的是通过加强法规建设，使检查监督工作更加公开化、标准化和规范化。一方面，消除由于程序和制度不科学不健全而带来的经济检查监督人员自身以权谋私、敲诈勒索等腐败行为，维护经济检查监督部门自身的公正性和民主性；另一方面，要进一步研究社会主义市场经济条件下，经济检查和监督所面临的新情况和新问题，加快制度建设、法规建设的步伐，使经济检查和监督能真正成为市场经济健康发展的保障机制。同时，要建立“审计审廉”制度。“审计审廉”制度要与审计经济责任结合、与干部考察工作结合、与查办案件工作结合，加强对被审计人财经纪律执行情况的监督和廉政监督。

2. 健全和完善社会公众监督制度

（1）拓宽群众监督渠道，建立方便快捷、形式多样、处理及时的社会公众监督制度。

一是健全充分保护人民民主权利，防止打击报复，有利于调动群众积极性的举报投诉制度；二是建立各级党委和政府与人民群众经常保持联系和信息反馈的反腐败问题恳谈会制度；三是建立重大案件群众参与查处的观察制度；四是建立人民群众和社会组织对公职人员公开查询和质询的制度；五是健全舆论监督机制，运用和规范互联网监督。

（2）建立健全基层民主监督制度。

建立健全基层民主监督制度，畅通民主渠道，健全基层选举、议事、公开、述职、问责等机制，开展形式多样的基层民主协商，推进基层协商制度化，建立健全居民、村民监督机制。

一是建立村民代表会议制度，对农村基层权力主体和公共资源配置予以监督。村民代表会议是村民会议的特殊实现形式和村民会议的常设组织，负责对村集体财务及村务公开、村干部廉洁自律情况实施监督。二是建立社区“廉情”信息员和评议员制度，对居住在社区的党政干部实行“八小时之外”的监督。作为“廉情”信息员和评议员，他们负责对居住在本社区党政领导干部“八小时之外”的社交圈、生活圈进行监督，听取群众意见，及时向上级纪检监察部门报送社区廉政信息。三是建立行风公众评议制度，对政府主管部门和公用事业单位实行群众监督。明确行风评议的原则和程序，建立科学评价体系，以简便有效、公正透明的方式，定期由公众对政府主管部门和公用事业单位进行行风评议。四是健全以职工代表大会为基本形式的企事业单位民主管理制度，加强社会组织民主机制建设，保障职工参与管理和监督的民主权利。

3. 健全和完善监督责任追究制度

加强监督责任，就要落实党风廉政建设责任制，党委负主体责任，纪委负监督责任，制定实施切实可行的责任追究制度。

（1）责任追究制度。

责任追究制度就是指领导集体或领导个人对于自己管辖范围内的党风廉政建设抓得不好，出现严重不正之风或腐败问题不及时解决，造成恶劣影响和严重损失的要追究领导责任。责任追究制度，目的是为了解决反腐败主体抓党风廉政建设和反腐败工作未能正确履行职责，出了问题怎么办的问题。要使各个反腐败主体明确职权和责任，对反腐败工作不抓不行，不真抓、抓不出成效不行，抓得不严出现问题也不行。从查处的腐败案例来看，绝大多数腐败分子都不是孤立的，他们与上下左右都有着这样那样的联系，作案的时间也比较长。而这些上下左右的反腐败主体，如果听之任之，睁只眼，闭只眼，如果明哲保身，事不关己，高高挂起，如果当老好人，不仅不制止，反而为其提供某些便利，等等，必须追究其责任。对于廉政反腐监督主体在监督工作中缺位、失职、失察、对腐败问题隐瞒不报、泄露举报信息或案情信息等行为，应建立健全相关责任追究制度，追究有关监督机构及有关人员的责任。

（2）连带责任追究制度。

实行连带责任追究要突出重点，当前要着重在以下方面加强连带责任追究：一是对直接管辖范围内发生的严重腐败问题，隐瞒不报、压制不查的，要追究领导责任；二是领导推荐的干部发生严重违纪违法犯罪，甚至对腐败分子提拔重用，要追究用人主体的责任；三是公共权力中的公职人员有反腐败的义务，对本部门或上下左右的腐败现象知晓而不举报者，要承担纪律责任；四是对按民主权利举报和依法办案进行威胁、压制、阻挠，或者为腐败分子说情、开脱的，要依法依纪追究责任；五是利用职权，为腐败行为提供条件，或者在直接管辖范围内（包括配偶、子女、身边工作人员）发生的严重腐败行为，要追究连带责任；等等。建立连带责任追究制度，要制定具体的责任方式、量罚标准和执行程序，这样才能发挥其应有的效力。

（3）对监督主体的监督制度。

监督者也必须受到监督。监督者不受监督，就会出现制度缺口，同样会产生腐败或者助长腐败，现实中的纪委书记和反贪局局长的腐败现象就是明证。监督系统各要素之间缺乏连接或是连接了但不能闭合起来，会导致制度建设事倍功半，甚至出现制度变形。例如，体现上对下监督的巡视制度，若不和完善下对上的监督相结合，就会出现“谁来管钦差”的问题；单向地加强对纪委的垂直领导，就会产生“谁来管纪委”的问题。实际上，纵向权力监督制约只有在横向权力监督制约和非权力对权力监督制约都得到加强的情况下，才能防止出现制度变形，保证反腐败不误入歧途。完善对监督主体的监督制度，就要使纵向权力制约、横向权力制约、非权力对权力制约有机地连接起来，形成闭合的系统，使之不出现监督缺口。

4. 加强监督法制建设

推进监督法制建设，规范和保障人民监督党和国家机关及其工作人员的公务活动的权利，建立健全立体多维的权力监督体系，营造平等公开的监督环境，是促使权力运行合法有序，防止腐败的有效保证。一是要建立和完善人大、政协、纪检监察、审计等机构和部门的各类监督法律法规，制定各类监督的程序法规和工作细则，保证监督机构和部门的相对独立性、公正性和权威性。二是要通过监督法制建设，不断创新监督方式。既要不断发挥纪检、人大、司法、审计等专门机关的权力性监督作用，又要大力培育社会公众权利性监督主体，使所有合法监督主体都参与到对公共权力运行的监督中来，形成合力，充分发挥各类监督的综合效力。三是要加强腐败现象易发多发领域的监督法规制度建设。据相关统计分析，我国当代腐败犯罪的集中度相当高：61%以上的比例集中在工程、人事、资金管理、土地、作风等五大领域；84%以上集中在除上述五大领域之外，还包括执法、国企经营、司法、融资、产权等十大领域；近95%集中在上述十大领域之外，还包括行政审批、信贷、优惠政策、采购、招商、证券发行等十六大领域。必须完善这些领域的监督法规制度建设，才能有效预防腐败现象的发生。四是要对各种腐败行为的界定、认定、处罚等尽可能地以法律形式予以明确，以便于依法监督和查处。

（四）强化制度的激励功能，加强防治腐败的奖惩制度建设

从行为学理论来说，人们由一定动机所引起的行为，总是利用一定的条件和资源，通过行为实施以获取正回报的过程。发挥制度的激励功能，就是通过制度设置，以控制人们行为回报的方式，来达到引导和改变其行为的目的。控制人们行为的回报有正回报和负回报两种方式：正回报包括物质奖励、精神奖励、晋升晋级等；负回报包括批评、处分、撤职、降级乃至承担法律责任等。要使制度中的人实施有利于实现制度目标所提倡的行为，应当构造其值为正的回报集，促使人们产生或强化实施制度所提倡的行为的动机；欲使制度中的人不从事有损目标实现的禁止行为，就要构造值为负的回报集，使其主动打消实施不提倡行为的动机。因此，所谓反腐倡廉，从制度激励功能来说，对于廉洁行为，应构建正的回报集；对于腐败行为，应构建负的回报集。这样，一个社会约束公务人员的廉政制度越是健全完备，一个人采取腐败行为的成本或代价越大而收益或好处越小，其腐败行为被查办的概率越大、受惩罚的力度越大，

那么，这个社会的公务人员就会越廉洁。

古人说："赏厚则所欲之得也疾，罚重则所恶之禁也急。"[①] 加强防治腐败的奖惩制度建设，要坚持赏罚并重，通过改善公务人员激励机制，提高廉洁收益，增加腐败机会成本，从而增强制度对预防和惩治腐败的有效性。

1. 腐败惩戒制度

腐败惩戒制度规定的是对已然行为的处罚，具有警戒和震慑的功能。这一功能发挥的关键，在于惩戒制度是否具有威慑力量，能否有效地起到遏制作用。邓小平说过："腐败的事情，一抓就能抓到重要的案件，就是我们往往下不了手。这就会丧失人心，使人们以为我们在包庇腐败。这个关我们必须过，要兑现。是一就是一，是二就是二，该怎么处理就怎么处理，一定要取信于民。腐败、贪污、受贿，抓个一二十件，有的是省里的，有的是全国范围的。要雷厉风行地抓，要公布于众，要按照法律办事。该受惩罚的，不管是谁，一律受惩罚。"[②] 要遏制腐败现象蔓延之势，对腐败分子的查处就不能失之于软、失之于宽。历史和现实的经验都证明，"贪如火，不遏则燎原；欲如水，不遏则滔天"。

古人云："舞弊者得利，则效仿者至；舞弊者受罚，则接踵者绝。"因此，反腐败一定要发挥党纪国法的威力，建议出台一部法规——"国家公职人员腐败犯罪惩治条例"，严肃查处各类腐败犯罪，对腐败分子严惩不贷，以达到"重一奸之罪而止境内之邪"[③]。

所谓"重"，就是惩处从严，使其从事腐败行为的"成本"远高于"收益"。否则，腐败成本太小，腐败动机就越强，反腐败的难度就越大。正如古人所说的："所谓重刑者，奸之所利者细，而上之所加焉者大也；民不以小利蒙大罪，故奸必止者也。所谓轻刑者，奸之所利者大，上之所加焉者小也；民慕其利而傲其罪，故奸不止也。"[④] 在惩治腐败中，强化负回报功能，才能维护法制的权威，发挥制度的刚性作用。因此，在刑法已有的刑罚种类基础上，设立各种腐败涉案金额级别，据此分别设置不同的刑罚种类、幅度。我国刑法规定对贪污贿赂犯罪可以判处死刑，在司法实践中也对不少腐败分子判处了死刑，但这一最严厉刑罚的适用并没有能够有效地遏制腐败犯罪的发生，腐败犯罪大有愈演愈烈之势。这说明死刑并不能有效地阻吓腐败犯罪，应当考虑采用其他更加有

---

① 韩非：《韩非子·六反第四十六》。

② 《邓小平文选》第3卷，人民出版社，1993，第297页。

③④ 韩非：《韩非子·六反第四十六》。

效的惩处腐败分子的刑法，这就是借鉴有些国家的经验，设立对严重犯罪所适用的不得假释、不得减刑的终身监禁。同时，还应立法制裁妨碍查处腐败犯罪行为的人员，追究干扰办案、包庇犯罪人、逃避侦查、拒绝协助侦查、不依法行事等行为的法律责任。

2. 公职资格限制和褫夺制度

公职是以行使公共权力为民服务的特殊职业，其职业特点容易产生权力滥用私用、以权谋私的倾向。反对腐败，建设廉洁政治，公职人员的职业资格限制和处罚是必不可少的。因此，要建立健全对公职人员严格的职业资格限制和褫夺制度。一是试行和完善公务员聘任制度，建立更为科学的公务员选用、擢升和退出机制。现行《中华人民共和国公务员法》中有辞退的相关规定，但大多适用于特别严重违纪或不能胜任工作的情况，一般不会发生。公务员身份的终身制以及特殊的待遇，使得这一群体备受关注。目前不少地方对部分岗位公务员试行聘任制，一些地方对新进入行政机关的公务员一律实行聘任制度。这有利于破除官本位和激发公务员积极性，建设高效廉洁的公职人员队伍。二是不断完善领导干部述职述廉、诫勉谈话、函询、质询、罢免或撤换等制度，同时要对领导干部任职的廉洁要求做出严格规定，违反规定者要进行任职限制和处罚，包括限制担任某些岗位、在一定时间内限制提拔、降职降薪乃至褫夺公职。三是不断完善公职人员考核制度，特别是廉洁考核制度。通过定期考核，建立廉洁档案，对廉洁者要表彰奖励，对违纪者予以党纪政纪处分，甚至终身不能担任公职。

3. 合理待遇制度和廉洁公积金制度

增强公务员激励机制，一是严惩腐败行为，增加腐败机会成本；二是提高廉洁收益。国外研究认为，公职人员个人收入的高低，与涉足或抵御腐败有一定的关联性。提高其工薪水平，使其保持体面的生活，对增大腐败成本、抑制腐败的动机，具有现实意义。提高廉洁收益，我们应该通过使公务员实物福利货币化、完善公务员退休养老保险制度等入手，改善公务员激励机制，以提高其廉洁奉公收益。首先，要建立公职人员合理的工薪制度。在市场经济条件下，高薪未必能养廉，但低薪肯定难以养廉。公职人员薪金随着任职的年限、功绩而不断增加，能为反腐倡廉奠定起重要的物质基础。同时，公职人员合理的工薪制度有利于消除各种特权制度，也有利于抑制公职人员获取灰色收入和非法收入的欲望。因为如果公职人员不廉洁就会丧失原有的优厚待遇，客观上也就增大腐败的机会成本。其次，要建立廉洁公积金制度。廉洁公积金制度是指在一定的时期内，由公务员个人与政府财政按一定比例共同缴纳存入个人账户，如个人没有发生违纪情况，即可按一定比例定期予以返还，直至退休；如个人发生违纪违法情况，则要按一定比例扣除账户资金并上缴国库。廉洁公积金制度旨在根据公职人员廉洁从政状况，以廉洁公积金的兑现或剥夺机制，形成针对公职人员的利益激励，也相应地形成针对他们的利益约束，从而有效抑制和减少公职人员的腐败动机，增加其廉洁行为的收益，促进公职人员养成自律精神，强化公职人员廉洁从政的心理基础，有利于在公职人员中培育起一种廉洁政治文化，从而为预防和遏制腐败提供支撑与保障。这对于预防和遏制腐败，促进党风廉政建设，意义十分重大。当然，廉政公积金制度需要一个科学的公务员绩效考评和廉政监督体系，同时要有相关的配套制度，加强对廉政公积金的监管，以充分发挥其廉政的激励作用。

（五）强化制度体系的整体功能，加强反腐败制度集成建设

制度建设带有全局性、战略性、根本性和长期性，其科学化、体系化直接关系到反腐倡廉建设的成效。随着我国改革开放的不断深入，制度建设领域在不断拓宽，制度建设成效在不断显现。但也应清醒地看到，当前反腐倡廉面临着制度碎片化、法律位阶不高、操作性不强；制度配套不够，缺少事中纠偏、事后补救机制；重治标轻治本、重应急轻常态、重事后补救轻事前预防，缺乏前瞻意识和总体规划等问题。坚持突出重点，整体推进，加强反腐制度体系化建设，建立健全内容科学、程序严密、配套完备、有效管用的制度体系，才能发挥制度在反腐教育和预防、惩治腐败中的综合功能。

反腐制度作为一个体系，应该是一个把法律、政策、规则、程序、措施等有机连接在一起的能良性运行的系统。为此，我们要注重制度的体系化、组织化和可操作化，增强制度创新理念，按照统筹兼顾的原则，加强制度的系统集成建设。

1. 反腐败制度建设要统筹兼顾整体推进与突出重点的关系

所谓整体推进，也就是要抓好制度的顶层设计，注重制度的整体效益，设计制定相互依存、相互补充、疏密有致的制度体系。重点性，就是围绕容易滋生腐败的重点部位和关键环节，找准制度建设的切入点和着力点，提升制度建设的有效性。反腐倡廉制度建设是一项复杂而艰巨的工作，其涉及面广、专业

性强、综合要求高，必须统筹安排、突出重点，有计划、有步骤地进行。要立足全局，切实加强整体规划和统筹协调。要及时做好制度的清理、修订和完善工作，努力使各项制度彼此衔接、环环相扣、相互协调，充分发挥整体效能。同时，还要按照“管用有效”的原则，着力研究腐败易发多发领域、重点岗位、关键环节产生腐败的特点和规律，找准滋生腐败的关键点、权力运行的集中点、体制转换的空白点等，以领导干部和人、财、物等部门以及相关岗位为重点，抓住要害关键，完善反腐倡廉制度体系，形成制度合力。

2. 反腐败制度建设要统筹兼顾现实针对性与长远要求的关系

制度设计不仅要解燃眉之急，更应防患于未然。反腐倡廉制度体系建设的内容丰富、任务繁重，不可能一蹴而就，也不可能一劳永逸，是一项长期工程，始终处于动态过程中，既要立足当前，解决好现实突出问题，又要着眼长远，未雨绸缪。要坚持现实性和前瞻性的有机统一，既要考虑当前工作需要、条件是否具备等因素，又要着眼于制度建设的长远性和基础性，兼顾未来制度建设需要，注重从体制、机制、制度上加大源头防治腐败力度，把惩治和预防腐败的具体要求体现在制度创新之中。一方面，要提高敏锐性，加强对当前主要矛盾和热点难点问题的深入研究，认真做好制度的废、改、立工作，及时制定一批针对性强的管用的制度，不断完善反腐倡廉制度体系。另一方面，要把握反腐倡廉建设和形势发展的规律，注重制度的前瞻性设计规划，保持一定的弹性度，通过科学合理的弹性安排实现制度的阶段性发展和逐步完善，反腐倡廉由被动防御向主动预防转变。

3. 反腐败制度建设要统筹兼顾原则性要求与实践可操作性的关系

制度不能过于原则、宽泛和抽象。无实际内容的制度，形同虚设，难以落实。按照“于事简便”的要求，制度建设要朝着简明扼要、明确实用的方向发展。随着反腐败斗争的深入，迫切要求全面提升制度的实践性和可操作性，确保制度行得通、管得住、用得好。一些制度原则要求多，具体惩戒措施少，或者是重实体轻程序，存在比较大的自由裁量空间。这是一些反腐败制度难以得到执行和真正发挥作用的主要原因。因此，制度设计要做到宽严合适，既要体现坚定的原则性，又要具有切实的实践性。在制度起草阶段，必须牢牢把握“程序严密、主体明确、指向明晰、简便易行”的要求，既要有原则性和指导性的规定，也要注重可操作性的配套规定，把制度的原则性细化为可操作的具体规定。

4. 反腐败制度建设要统筹兼顾稳定性与创新性的关系

制度建设的继承性讲的是制度的连续性、稳定性，即要总结经验、坚持已有的好制度和好做法。制度建设的创新性是讲制度的变迁性，也就是要适应新形势、新任务的发展变化，注重研究新情况、新问题，不断探索新思路新办法，变革和创新制度。反腐倡廉工作深入推进的过程，就是一个不断研究新情况、解决新问题的过程，就是一个逐渐建立和健全相关制度，完善从源头治理腐败现象发生机制的过程。因此，制度建设要针对新情况新问题，加强调查研究，总结违纪违法现象发生的规律，及时制定科学有效的管理制度，修订和完善原有的制度，对不合时宜的制度要及时废止，使新旧制度有机衔接，防止出现制度前后相悖的现象，积极推进制度创新，努力做到权力运行到哪里，制度就约束到哪里，不留死角、断层、缺口和盲区。

5. 反腐败制度建设要统筹兼顾单项制度与综合性制度的关系

根据反腐倡廉的形势和特点，及时制定一批针对性强的单项制度是必要的。这些单项制度由于针对性强而能及时有效地遏制和治理新出现的不正之风和腐败现象。但是，随着反腐败斗争的深入和对反腐败规律认识的深化，综合性的反腐制度建设是必不可少的。所以，在反腐败制度建设中，既要重视单项制度建设，又要重视基本制度和综合制度建设，加强反腐败的国家综合性立法和反腐倡廉党内综合性法规制度建设。加强反腐综合性制度建设，当前亟须制定统一的国家“反腐败法”，以此协调各项反腐法律，为反腐败工作提供长期而稳定的制度保障，形成综合治理体系。

总之，反腐倡廉制度建设作为系统性工程，必须重视制度间的协调配合，全面加强惩治和预防腐败体系建设。加强制度建设的系统集成，要坚持当前和长远、局部和整体相结合，加强整体规划和统筹协调；既要重视基本的党纪法规又要重视实施细则；既要重视单项制度又要重视基本制度、实体制度和程序制度的相互配套；既要重视党内法纪条规的健全又要重视与国家法律法规的协调配合，从而使各种制度彼此衔接、有机整合、环环相扣，切实发挥制度建设的整体合力。我们相信，只要坚持中国特色社会主义反腐倡廉道路，按照把权力关进制度笼子的要求，积极整合反腐败资源，切实推进制度建设和制度创新，着力形成不敢腐的惩戒机制、不能腐的防范机制、不易腐的保障机制，就能为保持干部清正、政府清廉、政治清明提供有效的制度保证。

五、弘扬廉政文化，营造反腐倡廉制度建设良好氛围

大力加强廉政文化建设，在全社会形成以廉为荣、以贪为耻的道德价值观念和社会风尚，是建立反腐倡廉思想道德教育长效机制的基础工程，也是完善惩治和预防腐败体系的重要一环。为此，我们要大力弘扬廉政文化，为加强反腐倡廉制度建设营造良好的社会氛围。

（一）廉政文化建设的核心是权力观问题

廉政文化是关于廉洁从政和保持公共权力清正廉洁的思想、理论、规范、观念、信仰、作风、社会风尚、社会评价等方面的总和。我们说的廉政文化，是精神文明和政治文明的有机结合，是社会主义先进文化在政治领域的重要体现。它是公民廉洁从政和保持公共权力清正廉洁的必要的文化条件。廉政文化是一个体系。加强廉政文化建设必须抓住其核心。为此，首先要搞清楚什么是腐败。2004年9月中旬在北京召开的第十七届国际刑法学大会上，通过了《国际经济交往中的腐败及相关犯罪》的决议。该决议对公职人员腐败的定义作了一个国际公认的规定："腐败界定为任何公职人员在任何时候，以实际的或者潜在的行使或者不行使公职人员的职能为交换条件，为自己、他人或者任何机构索要、同意接受或者接受不论何种性质的不正当利益。"从上述定义可以看出，廉政与腐败的区别有二：一是权为民所用还是为己所用，二是利为民所谋还是为己所谋。从文化上分析，这里的核心问题是如何看待权力问题，即权力属于谁和为谁掌权的问题。这一问题决定了一个人从政的信念、价值取向和行为方式。在现实生活中，利益的驱使、权力的失控、地位的诱惑，是影响公职人员廉洁从政的主要因素。一些公职人员之所以堕落为腐败分子，其根源是价值取向偏离了正确的方向。因此，廉政文化的核心是权力观问题。第一，权力观决定为政者的权力意识。权力意识讲的是权力主体问题，即权力属于谁。公权民

有还是公权私有，这两种权力意识必然决定为官的行为是廉政还是腐败。第二，权力观决定为政的利益价值取向。为政利益价值取向讲的是为谁掌权、为谁谋利的问题。立党为公、执政为民，是正确权力观的价值取向；反之，则是以权谋私。第三，权力观决定为政的道德价值观念。树立正确的权力观，为政必定以廉为荣，以贪为耻；反之，则是少廉寡耻。因此，权力观问题是区分廉政文化和腐败意识的分水岭。只有抓住了权力观问题，才能抓住廉政文化建设的核心。

（二）廉政文化建设与历史文化的关系

廉政文化建设不能忽视历史文化的作用。正如毛泽东在《新民主主义论》中所说的："中国现时的新政治新经济是从古代的旧政治旧经济发展而来的，中国现时的新文化也是从古代的旧文化发展而来，因此，我们必须尊重自己的历史，决不能割断历史。但是这种尊重，是给历史以一定的科学的地位，是尊重历史的辩证法的发展，而不是颂古非今，不是赞扬任何封建的毒素。"[①] 以儒家为主体的中国传统文化对中国经济、政治、文化的影响是巨大的，我们至今仍不能忽视其作用。从廉政文化建设来说，中国传统文化对廉政建设既有积极的作用，也有消极的影响。为此，在廉政文化建设中，我们要对传统文化采取分析的态度，剔除其封建性的糟粕，吸收其民主性的精华。

从廉政文化建设来说，儒家文化对廉政建设有积极借鉴意义的，主要有以下几个方面。第一，报效国家、积极有为的人生态度。儒家认为人生应当积极进取，奋发有为，主张为社会立德、立功、立言，并把立德放在首位，从而追求生命的不朽。《左传》中说："太上有立德，其次有立功，其次有立言，虽久不废，此之谓不朽。"同时，在生死问题上儒家主张舍生取义，认为必要时要为国家和正义奉献生命。譬如，"苟利社稷，死生以之"[②] 的报国情怀；"宁以义死，不苟幸生，而视死如归"[③] 的献身精神。第二，以民为本的思想。儒家认为："民为邦本，本固邦宁。"[④] 主张"民贵君轻"，认为人心向背决定政权的兴衰："政之所兴在顺民心，政之所废在逆民心。"第三，以义统利的义利观。儒

---

① 《毛泽东选集》第 2 卷，人民出版社，1991，第 708 页。
② 《春秋左传》。
③ 《欧阳修全集·居士集》。
④ 《尚书·五子之歌》。

家以义利作为君子与小人的分野，认为“君子喻于义，小人喻于利”，“不义而富且贵，于我如浮云”①；主张“君子爱财，取之有道”，要“先义而后利”“见利思义”“义然后取”，反对见利忘义、唯利是图。第四，注重修养和守节自律的精神。儒家十分强调个人道德修养，认为修身齐家才能治国平天下。这对于我们加强廉政建设仍有借鉴意义。一是淡泊明志的精神；二是“勿以恶小而为之，勿以善小而不为”的律己精神；三是“富贵不能淫，贫贱不能移，威武不能屈”的气节；四是“欲影正者端其表，欲下廉者先其身”的垂范精神；五是践履笃实、知行合一的求实的态度；等等。这些都是我们加强修养自律，保持清正廉洁所应当继承和弘扬的。

在看到传统文化对廉政建设有积极作用的同时，也要看到其消极影响的一面。关于这方面，邓小平有过深刻的论述。1980 年，邓小平在《党和国家领导制度的改革》一文中分析官僚主义现象、权力过分集中的现象、家长制现象、干部领导职务终身制现象和形形色色的特权现象存在的根源时指出：“上面讲到的种种弊端，多少都带有封建主义色彩。”② 他并且举例说：“拿宗法观念来说，‘文化大革命’中，一人当官，鸡犬升天，一人倒霉，株连九族，这类情况曾发展到很严重的程度。甚至现在，任人唯亲、任人唯派的恶劣作风，在有些地区、有些部门、有些单位，还没有得到纠正。一些干部利用职权，非法安排家属亲友进城、就业、提干等现象还很不少。可见宗法观念的余毒决不能轻视。”③ 中国传统文化是在漫长封建社会中形成和发展的，我们绝不可低估其在思想政治领域中的影响。从廉政建设来说，传统文化对廉政建设的消极影响主要有以下几个方面。一是“官本位”的意识。封建社会把治国称为“牧民”，形成了“上智下愚”“官贵民贱”的观念。做官当老爷，谋求特权，是“官本位”意识的重要表现。正如江泽民所说的：“所谓‘官本位’，就是以官为本，一切为了做官，有了官位就什么东西都有了，‘一人得道，鸡犬升天’。这种‘官本位’意识，流传了几千年，至今在我国社会生活中仍然有着很深的影响。”④ 为此，“对于历史上遗留下来的‘官本位’意识，必须狠狠批判和坚决破除”⑤。二是升官发财

① 《论语·述而》。
② 《邓小平文选》第 2 卷，人民出版社，1994，第 334 页。
③ 《邓小平文选》第 2 卷，人民出版社，1994，第 334—335 页。
④ 《江泽民文选》第 3 卷，人民出版社，2006，第 132 页。
⑤ 江泽民：《论“三个代表”》，中央文献出版社，2001，第 77 页。

的观念。在封建社会，当官不仅是光宗耀祖的事情，而且是敛财的渠道。“三年清知府，十万雪花银”是其最好的写照。至今仍有人说“升官不发财，叫狗都不来”。腐败分子买官卖官、疯狂敛财正是这一封建陈旧观念的表现。三是重情轻法的处世原则。正如邓小平所指出的：“旧中国留给我们的，封建专制传统比较多，民主法制传统很少。”① 重情轻法的处世之道对廉政建设的负面影响不可低估。中国有重人伦亲情的传统。这有其好的一方面，但对政治生活的负面影响也是很大的。由于重情轻法，一些人过不了“人情关”，抵不住“枕边风”，挡不住“面子”，因而任人唯亲，进而贪赃枉法，为家庭和亲朋好友谋取不正当的利益。四是旧的官场作风。旧的官场作风除了表现为形式主义、官僚主义之外，还表现在人与人的庸俗关系上。这对廉政建设的危害也是很大的。譬如，官官相护与集体腐败的“窝案”“串案”，趋势附炎、攀附权贵与收送“红包”，两者之间都有着密切的关系。因此，在加强廉政文化建设中，必须注意批判传统积淀下来的落后文化，以清除腐败滋生的旧的文化土壤。

（三）弘扬廉政文化，促进廉政制度建设

胡锦涛在十七届中央纪委第五次全会上指出：“要把廉政文化建设作为建设社会主义先进文化的重要内容。”随着经济全球化和社会主义市场经济的发展，中国社会发生了深刻的变化。就廉政文化建设来说，必须面对世界范围各种思想文化相互激荡、市场经济负面影响和传统文化中消极因素的挑战。党的十六大报告在论述切实加强思想道德建设时指出：“要建立与社会主义市场经济相适应、与社会主义法律规范相协调、与中华民族传统美德相承接的社会主义思想道德体系。”这一基本原则对于加强廉政文化建设也是适用的。为此，我们要坚持中国先进文化的前进方向，以马克思主义统领廉政文化建设。

1. 弘扬廉政文化，促进廉政制度建设，要加强马克思主义权力观的宣传和教育

立党为公、执政为民，是党的性质和宗旨决定的，是加强党风廉政建设的根本目的。正确的权力观、地位观、利益观是干部正确人生观、价值观在政治生活中的体现，是干部廉洁从政的思想基础。为此，树立正确的权力观、地位观、利益观是加强廉政文化建设的首要任务。必须围绕为人民掌好权、用好权

① 《邓小平文选》第2卷，人民出版社，1994，第332页。

这个根本问题，以马克思主义权力观教育为核心，教育干部正确对待权力、地位和自身利益，全心全意为人民服务。这里最主要的是要破除“官本位”意识，树立公仆意识。以官为本位，还是以民为本，是两种根本对立的权力观。社会主义国家一切权力属于人民。树立公仆意识，牢记一切权力都是人民赋予的，才能自觉地实践为人民服务的宗旨，为人民掌好权、用好权。同时，大力宣传马克思主义权力观，能够增强公民的民主意识和监督意识，加强社会对权力的监督，防止权力的异化。

2. 弘扬廉政文化，促进廉政制度建设，要继承和发扬一切优秀的文化成果

中华民族的优秀文化传统，党和人民从五四运动以来形成的革命文化传统，人类政治文化的有益成果，都是我们今天加强廉政文化建设的重要文化资源，要结合时代精神加以继承和发扬。我们要以马克思主义为指导，深入研究中华民族传统廉政文化，积极阐发党的优良作风和优良传统，广泛借鉴人类廉政建设的经验，结合新的实践，构建体现时代精神的廉政文化体系。

3. 弘扬廉政文化，促进廉政制度建设，要加强干部的思想道德建设

加强社会主义思想道德建设，是发展先进文化的重要内容和中心环节。同样，加强干部的思想道德建设，也是廉政文化建设的重要内容和中心环节。加强官德修养，养成良好的作风，保持高尚情操和革命气节，是廉洁从政的基本道德要求。为此，一要确立反映时代精神和时代要求的干部廉洁自律的道德规范；二要大力弘扬中华民族传统美德和克己自律的精神，加强从政修养，恪守为政的职业道德；三要加强官德和政风的社会监督，创造廉洁自律的良好的道德氛围。

4. 弘扬廉政文化，促进廉政制度建设，要倡导廉荣贪耻的社会风尚

所谓风尚，是指一定时期社会上流行的风气和习惯。风，是指风气、风俗、观念、态度；尚，是指尊崇、注重。一个社会崇尚什么，不是个别的社会现象，而是一种普遍的社会行为方式。党风、政风与社会风气是相互影响和相互促进的。在全社会培育以廉为荣、以贪为耻的良好的社会风尚，是反腐倡廉的重要社会条件。为此，邓小平强调：“要树立好的风气。”[①] 加强廉政文化建设，要结合群众性精神文明建设活动，通过多种渠道和多种形式，努力培育廉洁奉公的社会风尚。一是要惩腐褒廉，弘扬正气。古人提倡养浩然正气，就是要疾恶如

① 《邓小平文选》第2卷，人民出版社，1994，第54页。

仇，崇尚正义。我们要大力宣传清正廉洁、克己奉公、敢于同腐败现象斗争的模范事迹，弘扬正气。同时，深刻剖析典型腐败案件，进行警示教育，以此增强社会的正义感和是非感，弘扬以廉为美、以贪为丑的浩然正气。二是要颂扬廉洁美德，抵制腐朽文化。要通过编写教材和其他文化传播载体，广泛宣传中华传统美德和党的优良传统，提高人们对各种腐朽文化的批判能力和抵制能力，提倡健康的生活方式和交往方式，形成全社会颂扬廉洁、鄙视腐败的道德价值观念。三是完善廉政评价体系，加强社会监督。要营造廉荣贪耻的社会风尚，就要发扬民主，扩大群众参与，树立廉政建设人人有责的社会观念。为此，要建立和完善廉政评价体系和政绩评价体系，使之成为社会监督和评价的标准，提高社会对公共权力的评价能力，以形成人人敢于监督，人人敢于揭露和批评腐败现象的社会氛围。

参考文献

[1] 中共中央宣传部. 习近平总书记系列重要讲话读本 [M]. 北京：学习出版社、人民出版社，2014.

[2] 中共中央纪律检查委员会，中共中央文献研究室. 习近平关于党风廉政建设和反腐败斗争论述摘编 [M]. 北京：中央文献出版社、中国方正出版社，2015.

[3] 中共中央文献研究室. 习近平关于全面深化改革论述摘编 [M]. 北京：中央文献出版社，2014.

[4] 中共中央关于全面深化改革若干重大问题的决定 [N]. 人民日报，2013-11-16.

[5] 中共中央关于全面推进依法治国若干重大问题的决定 [N]. 人民日报，2014-10-29.

[6] 卢现祥. 论马克思的制度分析 [J]. 中南财经政法大学学报，2007 (5).

[7] 李仁武. 论马克思恩格斯的制度伦理思想 [J]. 伦理学研究，2005 (4).

[8] 霍炜，汪彤，宋文玉. 论马克思主义的制度分析方法 [J]. 中共中央党校学报，2006 (5).

[9] 李省龙. 论马克思主义关于制度的一般理论 [J]. 中国人民大学学报，2003 (2).

[10] 宋增伟. 马克思的制度分析方法与人的全面发展的实现路径 [J]. 吉首大学学报（社会科学版），2008 (5).

[11] 陈文新. 马克思的制度分析理论初探 [J]. 求实，2005 (2).

[12] 张福军. 马克思制度变迁理论述评 [J]. 经济学家，2008 (3).

［13］郭海宏，卢宁．马克思主义意识形态与创新中国特色社会主义制度论［J］．湖南社会科学，2011（3）．

［14］冯务中．论邓小平制度思想的基本特征［J］．清华大学学报（哲学社会科学版），2004（3）．

［15］贾秋虹，张晓忠．试论邓小平制度建设与创新思想［J］．当代世界与社会主义，2004（5）．

［16］陈纯仁．邓小平制度文明建设思想初探［J］．湖南行政学院学报，2003（6）．

［17］李宽松．论邓小平推动制度建设的具体方法［J］．桂海论丛，2004（1）．

［18］青年哲学论坛部分成员．“制度哲学研究与马克思主义哲学体系创新”的讨论与回应［J］．东南学术，2007（3）．

［19］杨生新．对中国特色社会主义制度辩证统一思想的思考［J］．世纪桥，2012（9）．

［20］崔希福．国内哲学界制度研究的现状与唯物史观研究制度问题的凸显［J］．新疆社会科学，2005（5）．

［21］史晋川，沈国兵．论制度变迁理论与制度变迁方式划分标准［J］．经济学家，2002（1）．

［22］张志勇．论制度创新与马克思主义中国化进程［J］．中国延安干部学院学报，2009（4）．

［23］杨璐璐．社会正义及其制度安排与现实建构［J］．江汉论坛，2012（7）．

［24］崔希福．唯物史观的制度理论论纲［J］．北京工业大学学报（社会科学版），2011（1）．

［25］唐娜．哲学视野下的体制创新［J］．船山学刊，2009（4）．

［26］邹吉忠，杨学功，李景源，等．“哲学研究制度的可能性”讨论综述［J］．学术界，2005（1）．

［27］彭鹏．制度、正义与人的发展［J］．西北大学学报（哲学社会科学版），2010（4）．

［28］陈治桃．制度安排与人的本质和发展［J］．探求，2002（4）．

［29］崔希福．制度的本质及其起源的唯物史观解析［J］．天府新论，2006

(4).

［30］李松玉. 制度的哲学解析［J］. 山东师范大学学报（人文社会科学版），2003（1）.

［31］段治乾. 制度及其意义［J］. 郑州大学学报（哲学社会科学版），2003（6）.

［32］张志勇. 制度评价四维体系的哲学反思［J］. 前沿，2011（13）.

［33］崔希福. 制度问题的哲学研究综述［J］. 天府新论，2004（4）.

［34］徐斌，刘海军. 制度建设的特征、规律及评价标准［J］. 北京师范大学学报（社会科学版），2012（1）.

［35］刘再春. 论制度的本质、功能和创新［J］. 山西高等学校社会科学学报，2004（8）.

［36］程福财. 论制度的功能演变与制度变迁［J］. 上海大学学报（社会科学版），2001（1）.

［37］董建新. 论制度功能［J］. 现代哲学，1996（4）.

［38］苏茂林. 制度评价的内涵、系统及意义［J］. 中共山西省直机关党校学报，2010（6）.

［39］李志昌. 制度功能之哲学分析［J］. 哲学分析，2011（4）.

［40］齐超. 制度含义及其本质之我见［J］. 税务与经济，2009（3）.

［41］杨龙，戴扬. 论制度的结构、功能与绩效［J］. 理论与改革，2006（2）.

［42］辛鸣. 在应然与实然之间：关于制度功能及其局限的哲学分析［J］. 哲学研究，2005（9）.

［43］瞿喜宝，袁庆明. 制度的功能问题研究［J］. 云梦学刊，2006（4）.

［44］舒扬，等. 权力市场化与制度治腐问题研究［M］. 北京：中国社会科学出版社，2008.

［45］王明高. 科学制度反腐论［M］. 北京：党建读物出版社，2009.

［46］徐喜林. 刍议建设反腐倡廉制度体系［J］. 中州学刊，2010（3）.

［47］苗佳瑛. 当代西方国家反腐倡廉制度建设研究［J］. 北京行政学院学报，2010（6）.

［48］陈力予. 党风廉政制度建设历程：经验与价值［J］. 福州党校学报，2009（5）.

[49] 吴世慧，党升元，钱华桑. 对加强当前反腐倡廉制度建设的几点思考[J]. 青海社会科学，2012 (3).

[50] 潘泽林. 反腐倡廉法规制度体系建设问题研究：兼论我国反腐倡廉制度建设 60 年 [J]. 南昌大学学报 (人文社会科学版)，2009 (5).

[51] 郭兴全. 反腐倡廉制度创新：实践探索及其成效经验 [J]. 廉政文化研究，2012 (2).

[52] 张书林. 反腐倡廉制度体系建设的基本架构 [J]. 福建行政学院学报，2010 (2).

[53] 黄红平. 论提高反腐倡廉制度建设的科学化水平 [J]. 湖北师范学院学报 (哲学社会科学版)，2010 (5).

[54] 刘守芬，许道敏. 制度反腐败论 [J]. 北京大学学报 (哲学社会科学版)，2000 (1).